RAFAEL PASCUAL ELÍAS, OCD

El valor del silencio interior

Descubre los veinte silencios que transforman el alma

ALMUZARA

Primera edición: junio de 2024

Editorial Almuzara • Colección Reflejos de Actualidad
Editor: Humberto Pérez-Tomé Román
Maquetación: Miguel Andréu

www.editorialalmuzara.com
pedidos@almuzaralibros.com - info@almuzaralibros.com

Editorial Almuzara
Parque Logístico de Córdoba. Ctra. Palma del Río, km 4
C/8, Nave L2, nº 3. 14005 - Córdoba

Imprime: Romanyà Valls
ISBN: 978-84-19979-30-8
Depósito: CO-978-2024
Hecho e impreso en España - *Made and printed in Spain*

A Juan y a todos aquellos que buscan, descubren y viven el silencio interior como camino de unión con el Hijo de San José

Índice

Prólogo

1-11-2023

Querido Juan, querido hijo:

Te escribo mientras duermes. Ha sido un día muy completo y has terminado de la mejor manera posible: adorando a mi Hijo después de participar en la celebración de la eucaristía en una noche tan especial como es la víspera de Todos los Santos. El reloj marca las 00:30. Todo ha terminado en silencio, como gran parte del día. Te has levantado pronto para estudiar toda la mañana el examen que has tenido a media tarde. Había silencio en tu habitación. Un silencio que se prolongaba en el camino hacia el aula de tu Escuela de Ingeniería Industrial donde tenías que poner por escrito todo eso que has trabajado tanto estos días y ahora llegaba el momento de demostrar que dominas el tema. Una pregunta que vale siete puntos donde te juegas todo y tres preguntas de un punto para redondear la nota. No te ha salido muy bien a pesar de que el silencio envolvía la sala. Has terminado y de vuelta a la residencia universitaria donde vives, el silencio volvía a reinar en tu corazón. Acabada la cena has ido a la misa a la iglesia donde acudes cada domingo y siempre que puedes para asistir a la santa misa y también a la adoración al Santísimo. Hoy la misa te venía muy bien de hora, las 22:00, y luego adoración toda la noche. Tras una hora en silencio puro ante mi Hijo has ido a descansar. Te mereces el descanso, Juan. ¡Cuánto te quiero! Y cómo gozo como padre viendo tu descanso después de un día tan completo donde nos has perdido ni un minuto. Estoy muy orgulloso de ti, Juan. Vas por muy buen camino. Sigue así siempre.

Lo has dado todo. No sabes lo que me he alegrado al verte entrar en la iglesia donde te espero siempre en la capilla lateral derecha junto a la puerta de la sacristía. Esos diálogos que tenemos entre los dos y a veces entre los tres cuando mi Hijo se mete por medio, son buenísimos y muy provechosos para tu alma. Pero todo esto sin silencio no es posible. El silencio es algo clave para poder entrar en intimidad con mi Hijo y conmigo. Vas entrando en el silencio y conociendo todo el bien que te hace. Por eso quiero escribirte. Juan, te conozco y te quiero mucho. Como padre tuyo que soy, busco lo mejor para ti. En estos momentos de tu vida en que te abres a un futuro prometedor quiero mostrarte un apoyo que muchos no conocen ni quieren saber nada de ello. Se trata del silencio. Juan, el silencio es algo muy especial. Va más allá de lo que muchos creen o piensan. Además, hay grados de silencio que según son más intensos abren puertas a vivencias que llenan de gozo el alma.

Todo esto, querido hijo, lo conoces bien por propia experiencia. Vas profundizando en el silencio, pero es bueno que tengas todo por escrito para que acudas a ello en cualquier momento o te sirva para acercar a tus amigos a la vida de silencio interior. Es solo la introducción a lo que te quiero contar, Juan. Estos tres puntos, esencia, grados y puertas que se abren gracias al silencio, nos van a servir de preparación a lo que vendrá después. Quiero mostrarte la grandeza del silencio en toda su envergadura, es decir, lo que el silencio supone para la persona humana. Vivir el silencio es abrirse a Dios de un modo maravilloso, pero eso es simplemente el principio, hay muchos tipos de silencios. Todos juntos y enlazados dan cuerpo y plenitud al silencio. Solo te voy a citar algunos para que te hagas una idea y veas por dónde quiero guiarte: silencio divino, silencio abrumador, silencio permanente, silencio iluminador, silencio caritativo... y silencio necesario.

Todo esto, querido hijo, te lo voy a desgranar como las cuentas de un rosario, carta a carta. En silencio, mientras duermes, las noches de los miércoles y de los 19 de mes, los días en que siempre tienes un recuerdo especial hacia mí en unión a toda la Iglesia, aprovecharé que dejas libre la mesa de estudio para ponerme a escribir. Es lo que hago esta noche. En silencio, sin ruido alguno, pondré por escrito lo que llevo en mi corazón para que al día siguiente te lleves una grata sorpresa al descubrir que tu padre ha venido a visitarte una noche más para guardar tu sueño, interceder por ti ante el Padre de la gloria y dejarte una carta que nos une íntimamente de corazón de padre a corazón de hijo.

Te diría tantas cosas en esta primera carta, Juan... Lo que has hecho esta noche de Todos los Santos demuestra muy bien lo que vives por dentro. Por eso has ido a misa a esa hora que no es normal. Era unirse a toda la Iglesia para pedir por tantos que en esta noche se alejan de mi Hijo y en vez de buscar la luz y el silencio, se dejan envolver por oscuras tinieblas y mucho ruido. Juan, tú buscas la vida de santidad, quieres ser santo, por eso has ido también a esa misa y posterior adoración, para unirte a todos los santos cuya fiesta celebramos hoy de manera especial. ¡Todos los Santos en un mismo día! ¡Todos Juan, todos! Y entre ellos me tienes a mí, a tu padre, a san José, al que tanto quieres y has empezado a conocer a fondo desde que sales de tu casa para venir a estudiar la carrera que siempre has querido. Dejabas mucho y te has encontrado mucho. Ese proceso es duro y cuesta, pero en silencio es más llevadero. Sí, Juan cada encuentro con mi Hijo y conmigo en silencio te ayudaba a dar pasos en tu nueva vida hace dos años, cuando tenías dieciocho años recién cumplidos y apenas conocías la ciudad que ahora te ha abierto muchas puertas. Ahora con veinte años, todo es muy distinto. Has descubierto más puertas. Unas las has atravesado, otras las has ignorado porque sabías bien que no te llevaban por buen camino. ¿Y gracias a qué? ¡Al silencio! Sí, querido hijo, el silencio es el que marca tu camino y te da luz para escoger qué puertas tienes que abrir en tu vida y cuáles no debes nunca ni siquiera acercarte.

Busca siempre el silencio, querido hijo. Al hacerlo te vas a encontrar con los bienaventurados del cielo. Hay una carta de Santa Teresita del Niño Jesús, la santa de Lisieux, a su hermana Leonia, cuando toma el hábito de monja salesa, que me recuerda mucho a lo que pasa ahora. No sé cómo explicarme. Me faltan palabras. Quiero ir hasta el fondo de tu corazón desde lo profundo del mío. Y ante eso lo mejor es el silencio. Desde el silencio todo se ve de otra manera. Querido hijo, dejo que Teresita ponga palabras a lo que brota de mi corazón de padre:

> «No puedo decirte, querida hermanita [querido hijo], todas las cosas que quisiera. Mi corazón no puede expresar sus sentimientos íntimos en el frío lenguaje de la tierra... Pero un día, en el cielo, en nuestra hermosa patria, te miraré, y en mi mirada podrás ver todo lo que querré decirte, porque el silencio es el lenguaje de los bienaventurados habitantes del cielo...» (Cta. 163).

¡Ahí está tu meta, querido Juan, en el cielo! Para ello es necesario hacer lo que escucharás dentro de unas horas cuando te despiertes y te prepares para ir a la misa de este miércoles de san José que te muestra con gozo a todos los santos. Bueno, ya lo has oído esta noche, pero al ir a la eucaristía de nuevo esta mañana después de haber leído esta carta, vas a poner todos tus sentidos en el evangelio que se proclama y sirve de puente para unirnos a todos los santos:

> «En aquel tiempo, al ver Jesús el gentío, subió al monte, se sentó y se acercaron sus discípulos; y, abriendo su boca, les enseñaba diciendo:

> “Bienaventurados los pobres en el espíritu, porque de ellos es el reino de los cielos.
>
> Bienaventurados los mansos, porque ellos heredarán la tierra.
>
> Bienaventurados los que lloran, porque ellos serán consolados.
>
> Bienaventurados los que tienen hambre y sed de la justicia, porque ellos quedarán saciados.
>
> Bienaventurados los misericordiosos, porque ellos alcanzarán misericordia.
>
> Bienaventurados los limpios de corazón, porque ellos verán a Dios.
>
> Bienaventurados los que trabajan por la paz, porque ellos serán llamados hijos de Dios.
>
> Bienaventurados los perseguidos por causa de la justicia, porque de ellos es el reino de los cielos.
>
> Bienaventurados vosotros cuando os insulten y os persigan y os calumnien de cualquier modo por mi causa. Alegraos y regocijaos, porque vuestra recompensa será grande en el cielo”» (*Mateo* 5,1-12).

Querido hijo, querido Juan. Este el programa de vida que propone mi Hijo a todos los que quieren ir al cielo. Piensa en todos los santos que a lo largo de dos mil años han orado con estas palabras de mi Hijo… Pero para eso es necesario vivir el silencio. Mi Hijo se sienta y sus discípulos lo escuchan. Si no hacen silencio, no pueden escuchar las bienaventuranzas que les abren puertas y caminos para ir hacia el cielo. Es lo que te queda ahora por hacer, Juan. ¿Quieres hacer silencio, tomar el evangelio de san Mateo y encarnarlo en tu vida? Es lo que quiero para ti. Son palabras de mi Hijo para escucharse en silencio y abrir caminos de silencio interior. Y voy más allá, querido Juan, comienza a hacer este ejercicio con san Mateo. Le tengo un aprecio especial. ¿Sabes por qué? Pues porque el evangelio de este santo apóstol es el que más habla de tu padre. Narra esos sueños que cambian mi vida por completo, la huida a Egipto que me descoloca por completo, el regreso a mi tierra, pero a otro pueblo, el taller... Todo eso que es la esencia de mi biografía y que bien conoces. Pero san Mateo sigue y presenta la vida de mi Hijo hasta el final, hasta la muerte y resurrección. Tienes veintiocho capítulos, para acallar todo y dejar que el silencio te ayude a ir a Belén, a Egipto, al monte de las bienaventuranzas, a Cafarnaúm, al mar de Galilea, a Cesárea de Filipo, a Betania y Jerusalén... Son lugares para hacer silencio y dejarse llevar por el Espíritu que nos da luz para el camino.

Querido hijo, la noche avanza, pero me da igual; como padre tuyo que soy me quedo en tu habitación esta noche. Pero cuando te despiertes ya me habré ido porque en el cielo tenemos hoy una gran fiesta, la Solemnidad de Todos los Santos, y aunque me avergüence un poco reconocerlo, porque no me gusta presumir de nada, es verdad cuando digo que soy el padre de todos. Todos los santos son hijos míos, como tú, Juan, de igual modo que también son hijos de María, mi Esposa, que es tu madre y Madre de Dios. Se hace tarde, Juan. Ahora me toca a mí hacer silencio, es la 1:15 de la madrugada. Empieza mi turno de vela, antes lo hacías tú ante mi Hijo. Ahora lo hago yo ante mi otro hijo, ante ti, querido Juan.

Te quiero mucho, soy tu padre, y también el padre de todos,

SAN JOSÉ

¿Qué es el silencio?

8-11-2023

Querido hijo, querido Juan:

Ya te has dormido. Te veo descansar. Ahora me toca trabajar a mí desde tu mesa de estudio. Has vivido una tarde noche muy intensa. No vamos a entrar en ello. Eso queda entre nosotros y los que te han acompañado. No viene al caso para lo quiero decirte en esta noche. Bueno en cierta manera sí porque no has vivido el silencio. Había mucho ruido a tu alrededor, pero por dentro tu corazón decía que hoy no podía haber silencio, que había gritar lo que sí que ha nacido dentro de ti después de muchas horas de silencio. Ya me entiendes. Sin silencio no puede uno obrar bien ni dejarse llevar por Dios. En esta noche que da paso al día en que todo el Carmelo Descalzo celebra a una gran santa carmelita, Sor Isabel de la Trinidad, quiero dejarte por escrito algo esencial para tu vida y para la de cualquiera que quiera acercase de verdad a Dios: el silencio es un hecho, un concepto, que puede llegar a ser una experiencia transformante y terminar en un modo de vida. Vamos poco a poco, Juan.

Partimos de la base, de la esencia, no podemos hablar de silencio si antes no lo definimos bien. El silencio se puede entender de tres maneras. La primera y más común, el silencio es abstenerse de hablar. Esto en cuanto al hablar. En segundo lugar, el silencio se entiende como falta de ruido a la hora de la escucha. Y por último el silencio es también la omisión de algo por escrito cuando pasamos a la redacción. Son como tres actitudes o, mejor dicho, tres áreas que dan cuerpo al silencio: lo que la persona calla, no escucha y no escribe. ¡Aquí encuentras la esencia del silencio, Juan! Pero no pasamos de un concepto, de una realidad concreta. Es bueno saber la teoría, querido hijo, pero no podemos quedarnos ahí, hay que ponerse manos a la obra, como buen ingeniero, el silencio no se queda ahí, es algo que cobra vida. Antes de pasar al siguiente punto quiero que te des cuenta de que no se puede dejar lado ninguno de estas bases que dan cuerpo al silencio en sentido pleno. Si no, no es silencio verdadero. Todo nos lleva a entrar en el sentido de la palabra para poder entenderla mejor y lo que es más grande todavía, querido hijo, hacerla vida, y vida en abundancia.

Ahora eres tú, querido hijo, el que podría hablar. El silencio pasa de un concepto a ser una experiencia cuando se empieza a vivir por dentro. De eso, Juan sabes un poco, y cada vez más. Haces silencio cada sábado por la noche cuando visitas a mi Hijo en la capilla de adoración perpetua. Y también a lo largo de la semana en diversos momentos, pero todo queda en períodos de tiempo que rara vez pasan de la hora. Cuando ese silencio se prolonga en el tiempo cambia todo. Es lo que viviste en tu primer retiro. Ibas con algo de incertidumbre porque no sabías bien si ibas a ser capaz de pasar un fin de semana completo en silencio. No pudiste del todo, pero casi lo consigues. ¡Fue un regalo precioso para ti, Juan! Te veía desde el cielo tan feliz entrando, gustando y viviendo en silencio… Eso fue el paso para querer repetir experiencias como esa. Por eso para ti, desde aquel día y para todo aquel que se encuentra y se mete en el silencio por primera vez, al menos un par de días se da cuenta que algo cambia por dentro, que eso que sabía de teoría, lo que es el silencio, empieza a cobrar vida en lo más secreto del corazón.

Querido hijo, para ti, desde esos días de retiro durante tu primer año en la universidad, el silencio ha llegado a ser lo que es en sí mismo, una experiencia transformante. Sí, Juan, podrías definirlo con tus palabras y es lo que voy a hacer. No olvidaré cómo vibraba tu corazón por dentro cuando le resumías a tu director espiritual lo que habías vivido en tu primer retiro en silencio durante un fin de semana. ¿Te acuerdas de aquella conversación? Seguro que sí, ¡vamos a revivirla otra vez!

> —Juan, ¿cómo te ha ido este finde de retiro?
>
> —¡Ha sido maravilloso! ¡No me lo esperaba así! Parecía que no iba a poder y al final sí que he estado gran parte de los días en silencio. A modo de resumen, lo que bulle en mi corazón es que el silencio te cambia la vida, es algo vivo, una experiencia transformante: se nota la presencia de Dios. Te hace madurar. Te dan ganas de repetir, al menos un par de días. Si se viven dos días en silencio como he experimentado estos días, descubres que no es nada comparado con lo anterior, con lo que has vivido antes, con lo anterior a entrar en la vida de silencio. Se ve con suma claridad que cada vez hay una cosa nueva, un sentir nuevo, una idea nueva, unas inquietudes nuevas, es algo que no tiene fin, es obvio, es infinito, viene de Dios...

No hace falta recordar más, Juan. Son palabras tuyas, querido hijo, nunca podré olvidar ese fuego que salía de ti aquellos días. Y el de los jóvenes con los que participabas en el retiro. Estabas en desventaja porque ellos ya habían tenido más retiros en este plan. Para ti era el primero, pero te vino de maravilla para abrirte más a mi Hijo desde una experiencia transformante.

Nos queda dar un paso más, querido hijo. Es el culmen del camino en torno al silencio. Pasar de una experiencia transformante a un modo de vida. Puede ser algo que creas que es imposible, pero si piensas así te equivocas, Juan. El silencio, vivido en grado sumo lleva a convertirse de manera real en un modo de vida. No es casualidad que hoy celebremos a santa Isabel de la Trinidad. Me vuelvo a callar y dejo que sea esta santa hija de Santa Teresa quien te ayude a descubrir el silencio como modo de vida. Date cuenta de que es monja de clausura y su vocación es dar todo a Dios desde la oración, la soledad y el silencio que vive en el monasterio. Es maestra de vida interior y te ayudará mucho si lees sus escritos para entrar en el misterio de amor de la Santísima Trinidad que es fuente de silencio para todo el que quiere conocer este divino misterio de amor puro.

He buscado dos cartas que te van a gustar mucho, Juan. Entre sus muchos destinatarios se encuentra el hermano seminarista del marido de su hermana, Andrés Chevignard. Podrías ser tú el seminarista Andrés por los años y la situación en que se encuentra, me refiero a que le queda poco para acabar la carrera de teología cuando le escribe estas cartas. Sor Isabel entabla una estrecha amistad espiritual. Ya desde su primera carta muestra lo que lleva dentro y quiere compartir con este aspirante al sacerdocio. Atento a lo que dice esta monja francesa del convento de Dijon:

> «¿No siente usted esa pasión por escucharle? A veces es tan fuerte esta necesidad de callarse, que una quisiera no saber hacer otra cosa que estarse como la Magdalena —ese hermoso prototipo del alma contemplativa— a los pies del Maestro, ávida de escucharlo todo y de penetrar cada vez más en ese misterio de Amor que Él vino a revelarnos» (Cta. 158).

¡Callarse para escuchar a Jesús! Es la base para toda vida, querido hijo. Sin silencio no puedes escuchar a mi Hijo. ¿Sientes esa misma pasión? Además, también ayuda la postura y el momento. ¿Qué mejor que hacer silencio de rodillas y en adoración? ¡Ahí empieza la vida de silencio, Juan! Y seguir dando pasos. Mira como continúa la carta:

> «¿No le parece que, en medio de la actividad, mientras desempeña el oficio de Marta, el alma puede estar siempre en adoración, sumida como la Magdalena en contemplación [cf. Lucas 10,38-42], prendida como un hambriento a ese manantial? Así es como yo entiendo el apostolado, tanto para la carmelita como para el sacerdote» (Cta. 158).

Juan, esto lo dice sor Isabel dirigido a ella como monja y a Andrés como futuro sacerdote. Pero como padre tuyo que soy y tanto te quiero, añado algo más: todo hijo de Dios puede y debe aspirar a esta vida, a contemplar en silencio a mi Hijo desarrollando el trabajo y viviendo con alegría la vocación que le ha regalado. ¿No te ves, querido hijo, dejando que el silencio te llene e ilumine mientras estás en tu despacho programando el diseño de una máquina que te encarga la empresa que te ha contratado al terminar tus estudios? Ahora doy un paso más y te lanzo un órdago a la grande… ¿También en el silencio, escuchando a Jesús en tu corazón, puedes descubrir que te llama a ser sacerdote y sientes que tu felicidad se puede encontrar en llevar a otros el Cuerpo de mi Hijo para que se alimenten y se encaminen para el cielo? Ahí te lo dejo. No solo a ti, sino a todos aquellos con los que hables y puedan vivir lo mismo que tú. Juan, el silencio cambia la vida, y, lo que, es más, puede llegar a ser un modo de vida. Es algo que nos desborda.

No me resisto, querido hijo, a traer a la memoria otra de las cartas de sor Isabel al seminarista Andrés. Han pasado pocos meses de la carta que te acabo de citar. Ahora le hace una invitación que bien podrías acoger en tu corazón. ¡Hacer de tu alma una casa de paz donde habite mi Hijo y junto a Él el silencio! ¿Lo entiendes? Puede que de primeras sea un poco difícil de entender. Vamos a concretarlo con las palabras de santa Isabel de la Trinidad:

«Unámonos, pues, señor Abate, para hacer feliz a Quien nos "ha amado con inmenso amor", como dice san Pablo [Efesios 2,4]. Hagamos para Él en nuestra alma una casa totalmente sosegada en la que se cante siempre el cántico del amor y de la acción de gracias; y después un gran silencio, eco del que hay en Dios... Y luego acerquémonos, como usted me dice, a la Virgen totalmente pura y radiante, para que ella nos introduzca en Aquel en quien ella penetró tan profundamente y así nuestra vida pueda ser una comunión continua y un simplicísimo impulso hacia Dios» (Cta. 165).

No quiero que pases por alto un detalle muy importante de esta carta, Juan. Repásala bien. Puede que no te des cuenta si la lees rápido. No es bueno correr cuando te acercas a textos que encienden el alma en amor de Dios como sucede en este caso y en los que te presentaré a lo largo de las cartas que te escriba según pasen las semanas y los meses. Quiero que aproveches bien todo lo que te digo y lo hagas tuyo, hijo mío. ¿Te has dado cuenta de que sor Isabel al hablar del silencio que debe reinar en la casa de tu corazón, hace notar al mismo tiempo que dicho silencio personal es eco del silencio que hay en Dios? ¡Esto es clave, Juan! Si no te fijas en esto es imposible que uno se abra a Dios en el silencio y camine cada vez más seguro a su encuentro. De este modo es como puedes entender de una manera muy directa que el silencio puede llegar, y de hecho llega, a ser un modo de vida.

Pero ojo, Juan, te recuerdo lo que te dicho antes, no pienses que por ser ingeniero no puedes llegar a esto. Soy sincero: es más fácil para una monja de clausura o un sacerdote, ellos tienen más tiempo para vivir en silencio, y están llamados a esto como parte esencial de su vocación, pero no por ello hay que desechar que un ingeniero, un médico o un profesor puedan llegar a vivir como sor Isabel y el seminarista Andrés, teniendo el silencio como modo de vida. Esto es algo esencial y no me importa que me llames canso si te lo repito más veces. ¡Juan, te quiero feliz! Y para ser feliz, sin vida interior profunda no puedes alcanzarlo. Y para tener vida interior es imprescindible el silencio. Ahora me callo porque esto es tema de otra carta. Bueno, así ya intuyes por dónde puede ir alguna carta de las que te voy a escribir pronto.

Lo que procuro, querido hijo, es que no corras, que vayas a tu ritmo para que tu vida vaya abriéndose cada vez más al silencio una vez que ya sabes bien lo que es silencio, lo has gustado y quieres vivirlo en primera persona. Sueñas con que algún día puedas ser un gran ingeniero industrial que trabaja como su padre en el taller, en silencio, pero mirando siempre a mi Hijo que es quien abre caminos de silencio interior en cada hombre que se deja llevar por Él.

Se me ocurre una idea, me ha venido de repente, serán cosas del Espíritu Santo que sabes que siempre anda dando vueltas para que todos tengamos luces que ayuden a otros a encontrarse con el Hijo y cumplir la voluntad del Padre. Juan, te voy a poner deberes para cuando te despiertes mañana y te unas la santa de hoy que tanto te he hablado de ella. Sor Isabel escribe una oración preciosa dedicada a la Santísima Trinidad. Te mete de lleno en el amor del Padre, del Hijo y del Espíritu Santo. Para ello hace silencio antes, la escribe en silencio y la ora en silencio. Te propongo hacer lo mismo. Lee y medita esta oración en silencio, querido hijo. Luego deja que el Espíritu Santo te lleve y, si es el momento, pongas por escrito una oración que nazca de tu recuerdo de tu primer retiro en silencio teniendo la ayuda de lo que es el silencio como modo de vida. ¡Todo será para gloria de la Santísima Trinidad!

> «Elevación a la Santísima Trinidad.
>
> J. M. † J. T.
>
> ¡Oh, Dios mío, Trinidad a quien adoro! Ayúdame a olvidarme totalmente de mí, para establecerme en Ti, inmóvil y serena, como si mi alma estuviera ya en la eternidad. Que nada pueda turbar mi paz, ni hacerme salir de Ti, mi Dios

inmutable, sino que cada momento me sumerja más adentro en la profundidad de tu Misterio. Pacifica mi alma, haz en ella tu cielo, tu morada más querida y el lugar de tu descanso. Que nunca te deje solo allí, sino que esté por entero allí contigo, bien alerta en mi fe, en total adoración y completamente entregada a tu Acción creadora.

¡Oh, mi Cristo amado, crucificado por amor! Quisiera ser una esposa para tu Corazón; quisiera cubrirte de gloria; quisiera amarte... ¡hasta morir de amor! Pero conozco mi impotencia, y te pido que me "revistas de ti mismo" [cf. Gálatas 3,27], que identifiques mi alma con todos los sentimientos de tu alma, que me sumerjas en Ti, que me invadas, que ocupes Tú mi lugar, para que mi vida no sea más que una irradiación de tu Vida. Ven a mí como Adorador, como Reparador y como Salvador.

¡Oh, Verbo eterno, Palabra de mi Dios! Quiero pasar mi vida escuchándote, quiero ser toda oídos a tu enseñanza para aprenderlo todo de Ti. Y luego, en medio de todas las noches, de todos los vacíos y de toda mi ineptitud, quiero vivir con los ojos siempre clavados en Ti y permanecer bajo tu inmensa luz.

¡Oh, mi Astro querido! Fascíname de tal manera, que ya nunca pueda salirme de tu radiación.

¡Oh, Fuego devorador, Espíritu de Amor! "Ven sobre mí" [¿Lucas 1,35?] para que se produzca en mi alma una especie de encarnación del Verbo: que yo sea para Él una humanidad suplementaria en la que Él pueda renovar todo su misterio.

Y Tú, ¡oh, Padre!, inclínate sobre esta pobre criaturita tuya, "cúbrela con tu sombra", y no veas en ella más que a tu "Hijo el amado, en quien has puesto todas tus complacencias".

¡Oh mis Tres, mi Todo, mi eterna Bienaventuranza, Soledad infinita, Inmensidad donde me pierdo!, yo me entrego a Ti como víctima. Escóndete en mí para que yo me esconda en Ti [cf. Colosenses 3,3], hasta que vaya a contemplar en tu luz el abismo de tus grandezas.

21 de noviembre de 1904» *(Notas íntimas 15).*

Juan, ¿a que una vez leída esta oración no te brota de tu corazón más que un deseo, una necesidad, un sueño, que no es otro que callar para que el silencio hable dentro de ti? ¿A qué sí, querido hijo? ¡Pues adelante! Ya tienes deberes para esta semana. ¡A ver cómo te va todo después de lo que has vivido esta noche antes de irte a dormir y cómo lo relacionas con lo que encuentras en tu mesa! Esta oración te va a ayudar muchísimo a descubrir que el silencio en cuanto concepto cobra fuerza al experimentarlo como algo transformante que prepara tu alma para empezar a vivir de otra manera mucho más intensa, renovadora y provechosa, como Sor Isabel de la Trinidad, teniendo el silencio como modo de vida. Vamos poco a poco, Juan. Te dejo ya, llevo rato escribiendo mientras tú descansas sin saber lo que tu padre tenía preparado para ti. Son cosas de padre, de alguien que te quiere mucho y busca lo mejor para ti y te quiere feliz, muy feliz, Juan. Quiero estés realmente feliz y para ello tienes que conocer qué es el silencio para poder entrar en él y seguir dando pasos en tu vida espiritual de joven abierto al amor de mi Hijo.

Te quiero mucho, Juan, soy tu padre, también el padre de Jesús, que te espera el sábado por la noche en compañía de sor Isabel

SAN JOSÉ

¿Qué formas de silencio hay?

15-11-2023

Querido hijo, querido Juan:

Al verte en silencio mientras duermes me da mucha paz. Lo digo por la fiesta que hemos tenido en el cielo hasta hace poco. Acabamos de terminar la fiesta de todos los santos del Carmelo. No te puedes hacer idea todos los que hay por aquí… No pienses solo en santa Terea de Jesús, san Juan de la Cruz, santa Isabel de la Trinidad, santa Teresita, santa Teresa Benedicta de la Cruz, el beato Francisco Palau, san Rafael Kalinowski, los beatos mártires como la madre Sagrario de San Luis Gonzaga o las mártires de Guadalajara, el padre Lucas de San José y Eufrasio del Niño Jesús, los dieciséis mártires de Toledo… A esa larga lista de todos los que se celebran en la liturgia tienes que sumar una inmensa muchedumbre de almas consagradas a Dios que al terminar su vida en la tierra están ahora gozando de la gloria del Padre. Piensa, querido hijo, en tantos frailes y monjas que a lo largo de los siglos han dicho que querían vestir el hábito del Carmelo y lo han dado todo a Dios, a María y, en cierto modo, también al que ahora te escribe. Añade también numerosísimos seglares que de un modo u otro también vivieron la vocación al Carmelo y son parte de la familia. Y todos han venido un rato a visitarme porque ya sabes que en el Carmelo se me venera de una manera muy especial. Lo que tanto oraron en la tierra ahora lo viven en plenitud al estar a mi lado. Me acordaba que al concluir el día lo primero que tenía que hacer era ir a escribirte otra carta. Así podría descansar un poco del jaleo festivo. Para que veas; no me olvido de ti, ni en un día donde no paro ni un segundo.

Bueno, Juan, vamos a lo que nos convoca cada noche de miércoles: hablarte del silencio para que te metas cada vez más en él. Es bueno que sepas que hay diversas formas de silencio. Tienes que distinguir entre el silencio exterior de la lengua y de las actividades y el silencio interior. Es algo muy fácil de entender. Es básico para que afiances tu vida interior. Son necesarios todos los tipos de silencio, porque a fin de cuentas el silencio es necesario. Pero de eso ya hablaremos. Ahora quiero centrarme en las formas de silencio. Para ayudarte y que te sea más fácil, voy a remitirte a un libro que conoces de oídas y a un beato carmelita que antes no he citado porque no era el momento. Ha llegado la hora, Juan; vamos a entrar en el silencio de la mano de un maestro espiritual, del beato María Eugenio del Niño Jesús, carmelita descalzo. Lo conoces un poco y, sobre todo, experimentas su ayuda como intercesor, que va siendo cada vez más fuerte en ti. ¿Me equivoco, Juan? No entramos ahora en hablar de su vida, lo dejamos para más adelante, para cuando queden pocas cartas por escribirte. Solo quiero decirte que escribe varios libros, el más importante y conocido es *Quiero ver a Dios*. Pídele a tu director espiritual que te lo deje y vete al capítulo 5 de la tercera parte. Ahí te encontrarás con un título que lo dice todo: «Silencio». Esos folios te explican a fondo la esencia del silencio. Es imprescindible para el tema que nos interesa.

Lo que voy a hacer en esta carta, querido hijo, es presentar las formas de silencio tomando textos de este capítulo de *Quiero ver a Dios*. Cuando tengas tiempo lo lees completo. Ahora basta con algunos párrafos sueltos. Estate atengo, Juan. Partimos de la lengua. El silencio de la lengua es muy importante. Con la lengua se puede bendecir y se puede matar, o como dice el P. María Eugenio, «de la lengua se ha podido decir lo mejor que hay y lo peor». ¿Ves la importancia que tiene la lengua, Juan? Puede ser un instrumento de vida de gracia o todo lo contrario, un arma para disparar y echar por tierra a cualquiera dejándolo herido de muerte. La lengua es una parte del cuerpo, pero es la llave para hablar, para emitir sonidos y palabras que rompen el silencio. Si mueves la lengua hablas. Si la dejas quieta hay silencio. Es una forma física de silencio, no un silencio interno como veremos dentro de poco. La lengua es la que controla que haya silencio exterior o no. Es muy importante, Juan, mucho más de lo que parece. Puedes pensar que digo obviedades, pero si vas hasta el fondo te darás cuenta de la profundidad de lo que supone la lengua para todo ser humano. Es un músculo que da mucho que hablar y nunca mejor dicho.

No podemos quedarnos en hablar de la lengua. Damos un paso más, Juan, atento a lo que dice el beato María Eugenio: «Lo que el alma tiene de más íntimo y personal lo exterioriza la palabra, cuando, para comunicarlos, expresa los pensamientos y sentimientos [...] La expresión que exterioriza pone la desnudo las profundidades del alma».

Querido hijo, lo más sagrado, lo más profundo, lo más propio de la persona queda custodiado por el silencio de la lengua. Si la lengua habla, todo o parte de ese todo que custodia la intimidad del alma se pierde al salir. No se puede decir más claro ni más directo: si no hay silencio de lengua deja desnuda la interioridad del alma. Es algo para meditar y hacer vida, Juan. El alma es tu esencia, tu vida misma y si no sabes guardar lo más íntimo, te pueden venir problemas. Sí, Juan, te lo dice tu padre con mucho cariño, por tu bien. Hazme caso. Guarda siempre la lengua para no sacar de tu interior lo que solo se puede contar a mi Hijo en silencio o al sacerdote que te guía en tu vida interior en los momentos de dirección espiritual. Ahí sí que la lengua puede moverse y sacar a la luz muchos temas y secretos porque sabes que no van a pasar de ahí, de un alma que mi Hijo te ha puesto en el camino para que crezcas y des pasos firmes en el camino de la búsqueda y seguimiento de Jesús, el Hijo de María y de san José. Esto sé que lo tienes claro y lo vives bien, pero es bueno que lo tengas aquí recogido para cuando sea necesario.

Pero ojo, Juan, ten mucho cuidado porque no solo hablamos del silencio de nuestra lengua, sino también del silencio de otras lenguas cercanas a nuestra persona, porque como dice el P. María Eugenio «la comunicación llegada del exterior, que debería enriquecer, a veces no hace más que turbar el silencio del alma y el trabajo divino aportando causas de agitación que aumentan las dificultades de recogimiento interior y amenazan con paralizar la acción divina».

Esto lo estás sufriendo al vivir en la residencia universitaria y no poder estar ya en un piso. Hay conversaciones que hacen daño, que ofenden al alma que busca el silencio externo e interno como tú. ¿Sabes a lo que me refiero? Claro que sí. Vivir con ausencia de silencio en las lenguas que te rodean y no sacan nada bueno de su interior es peligroso. Hay que evitar todo lo que no sea positivo y provechoso para el alma que busca a Dios. Te pueden alterar, inquietar, complicar tu vida de estudio y oración porque lo que ha dicho una lengua cercana a tu habitación o en el comedor o la sala de la tele se queda haciendo ecos en tu interior y rompe con el silencio que vas haciendo en tu alma. Lucha siempre por tener silencio de tu lengua y de la lengua de aquellos que no aportan nada bueno a tu persona. Es un paso importante en la vida. Muchos no son conscientes de ello, pero tú, Juan, sí, por eso no dejas de buscar un piso donde poder vivir con algunos de tus amigos que piensan y viven como mi querido Hijo, en ese silencio que da vida y ayuda a escuchar a Dios cuando la lengua no se mueve para nada.

Ha quedado bien explicado, pero si seguimos con el tema llegamos al culmen del problema de la ausencia del silencio de lengua. Juan, el caso más claro de todo esto es el hablar sin control y de todo tema que venga a cuento o no, y sacando a la luz asuntos que no se deben compartir. Tal cual, así se expresa el P. María Eugenio:

> «La charlatanería, esa tendencia a exteriorizar todos los tesoros del alma con la expresión verbal, es especialmente nociva a la vida espiritual. Su movimiento está en dirección inversa del de la vida espiritual, que se interioriza sin cesar por la aproximación a Dios. Arrastrado hacia el exterior por su necesidad de contarlo todo, el charlatán no puede menos que estar alejado de Dios y de toda actividad profunda. Toda su vida de fondo pasa por sus labios y fluye en la palabrería que lleva en sí los frutos cada vez más pobres de su pensamiento y de su alma. Porque el charlatán no tiene tiempo para recogerse, para pensar, ni para vivir profundamente. Por la agitación que crea a su alrededor, impide a los demás el trabajo y el recogimiento profundos. Superficial y vano, el charlatán es un ser peligroso».

Lo comenta tan bien el P. María Eugenio que no me atrevo más que a invitarte a que leas con calma este párrafo y confirmes el gran daño que hacen las malas compañías que ni saben, ni quieren saber lo que pasa cuando una persona vive el silencio de la lengua. Puede dañar a otro como ya hemos visto, y lo que es peor, quedar uno mismo destrozado de por vida porque todo queda roto y por tierra al sacar fuera lo que, como hemos dicho antes, solo se puede compartir con mi Hijo y con el director espiritual. El charlatán no tiene tiempo para nada más que para hablar y conversar y perder el tiempo que es tan preciado en tu momento actual de estudiante universitario y en cualquier etapa de la vida para poder organizar la vida y preparar el trabajo que cada uno debe ofrecer a Dios. El que no deja de hablar no tiene tiempo para hacer silencio y estudiar a fondo para asumir lo estudiado en clase y preparar bien los exámenes. Es lo que te da vida a ti, querido hijo, y lo estás haciendo muy bien. Cada vez estoy más orgulloso de ti, no me cansaré nunca de decírtelo.

Antes de pasar al silencio de la actividad quiero que tengas en cuenta una última enseñanza sobre el silencio de la lengua. Juan, todo esto te lo digo de corazón, como te lo diría el P. María Eugenio si estuviera a mi lado ahora aquí en tu habitación mientras duermes y descansas de las clases y estudio del día. Sabes bien que es único y nos deja siempre admirados de su vida interior que brota del silencio. Atento, Juan. Es una frase que está llena de contenido: «El silencio es, al mismo tiempo, un fruto y una exigencia de la santidad». El callar, hacer silencio de lengua, alejarse de otras lenguas que no paran de hablar o hablan poco, pero temas que no son adecuados, es fundamental. Es vía de santidad, sin silencio no se puede iniciar un camino de santidad. No digo más, Juan. Te quiero y deseo que seas santo y tu vida dé frutos de santidad desde el silencio de la lengua.

Pasamos ahora al silencio en la actividad, pero sin dejar de ser silencio externo. El silencio externo es de lengua y de actividad. Juan, te lo digo para no liarte y que puedas pensar que ahora cambiamos de formas de silencio. Seguimos en el ámbito de la exterioridad de la persona humana que hace silencio con la lengua y con sus actos. Tan malo es que la lengua no descanse como que tampoco lo haga el cuerpo. Ojo cuando la actividad nos desborda y nos somos capaces de controlarla, la persona se puede perder. Aquí entra de nuevo el beato María Eugenio que no se calla y con rotundidad nos avisa del gran peligro que conlleva el activismo vacío de sentido:

> «Cuando la actividad desborda la vida cotidiana hasta el punto de no dejar lugar a una parte mínima insuficiente para la oración y el retorno silencioso hacia Dios, se transforma en activismo. Activismo que se reviste de múltiples y nobles

> excusas: necesidades de la vida, deberes urgentes de estado, trepidación del ambiente que arrastra y disipa [...] Se presenta ordinariamente como una tendencia a la que se cede. No comprende ni admite que se reserve a la oración silenciosa una parte notable del día, y sobre todo, que se consagren vidas enteras exclusivamente a la oración y al sacrificio para hacer brotar fuentes de vida fecunda en la Iglesia».

Directo al corazón, así es el P. María Eugenio, querido hijo, te quiere también mucho y por eso te avisa de este grave peligro. Lo que dice vale para todos, tanto para laicos como tú, como para curas, frailes o monjas que pueden perderse también en el hacer y olvidan su ser de almas entregadas al encuentro con Dios y a la preciosa tarea de llevar almas a mi Hijo. Hacer y hacer es algo peligroso, muy peligroso, si no es para ofrecer todo a Dios y hacerlo solo si Dios lo quiere de verdad... Se empieza por poco y se termina por mucho. Y luego ¿cómo volver al punto de salida? Es difícil y doloroso, por eso te lo advierto, aunque sé que no es algo que pueda embaucarte. Hacer y decir solo lo que te lleva a Dios; lo demás te complica la vida y te hace perder un tiempo precioso que puedes dedicar a hacer silencio en tu corazón y dar paso así al silencio interior que es lo más importante. El silencio exterior ayuda, pero si hay silencio exterior, pero no interior, no sirve de nada. Te soy sincero, querido hijo. Te quiero mucho y por eso te lo digo.

¡Juan! ¡Vamos a disfrutar del silencio interior! ¡Dejemos que se rompa el silencio exterior para poder entrar en el silencio interior al leer lo que nos dice el P. María Eugenio del Niño Jesús!:

> «Dios vive, obra y realiza operaciones misteriosas de su unión con nosotros en el centro del alma, en las regiones más espirituales. Poco importa, pues el bullicio y la actividad exterior con tal de que en estas regiones espirituales profundas reine el silencio. Así pues, el silencio interior es lo más impor-

> tante. El silencio exterior no tiene valor sino en la medida que favorece el interior».

Me callo, Juan. Y tú también tienes que callarte. Hay que hacer vida en el corazón estas palabras que muestran la importancia del silencio interior y cómo tienes que vivirlo. Mi Hijo quiere hacer maravillas en tu vida, pero si no vives el silencio interior es imposible. Deja reinar a mi Hijo en tu corazón para que el silencio reine también en tu corazón. Es la mejor manera, no necesitas nada más, querido hijo, es algo tan fácil… tan esperanzador… tan íntimo… Querido hijo calla tu lengua y aléjate de otras lenguas, no te metas en mil cosas y sigue haciendo silencio interior, como cada sábado por la noche. El sábado pasado no pude resistirme más y te miré de un modo especial. En aquel momento no sabías a que venía esa mirada pícara desde la imagen que está junto a la custodia donde adoras a mi Hijo. Ahora sí, lo hice para decirte que lo haces muy bien, que no pares, que sigas, que te quiero ver muchas noches así, que es lo mejor que puedes hacer una noche de sábado… Verte de rodillas, en silencio externo e interno es lo que me hace feliz, muy feliz, querido hijo. Juan, es algo que me llena el corazón de alegría, verte crecer en el silencio y constatar que conoces bien las diversas formas de silencio que unidas dan como fruto una vida nueva que te abre al horizonte de la vida espiritual, que es la vida del cielo, la que buscan los que siguen un camino de santidad.

Te diría, más cosas, querido hijo, me pasa siempre igual. Es normal. El amor de un padre por sus hijos es algo tan grande… No me canso de verte en cada receso que hago al escribir un punto y aparte de la carta. Te veo en ese descanso tan necesario para un joven como tú, Juan, que no pierde ni un minuto y hace todo lo que tiene que hacer, pero solo eso. No da el paso al activismo que rompe el silencio y favorece que la lengua esté despierta. Ahora todo tu cuerpo duerme en silencio, es cuando mejor se puede vivir el silencio, en plena noche, cuando todo calla… Lo que pasa es que uno no consciente porque duerme, pero al verte así ahora, querido hijo, querido Juan, me doy cuenta de que lo mejor que puedo hacer es prolongar tu sueño para que el silencio se adueñe de ti y cuando te despiertes y leas esta carta, te des cuenta de que es verdad. Sí, Juan, esto solo se puede descubrir cuando uno te lo hace ver, porque al estar dormido vives de tal modo el silencio que no te das cuenta.

Querido hijo, llega el final, me despido. Ahora me toca a mí también hacer silencio externo e interno después de un día tan intenso y de tan poco silencio. Juan, te quiero mucho. Soy tu padre, el padre de todos los santos del Carmelo y de todos los que aspiran a ser santos unidos a la familia del Carmelo,

San José

¿Qué puertas abre el silencio?

19-11-2023

Querido hijo, querido Juan:

Es domingo y 19 de mes. Aprovecho que estás en misa para escribirte en este mañana. Así, cuando llegues con el gozo de tener a mi Hijo dentro de ti, leas con calma esta carta antes de ir a comer con tus amigos de la residencia. O quizás prefieras dejarla para el postre, una vez terminada la comida y la conversación con tus amigos. Eso ya depende de ti, lo que es seguro es que vas a tener una tarde muy distinta después de leer estas líneas.

Antes de entrar en el tema de hoy quiero recordarte algo muy importante para mí y también, de cierto modo, para ti, Juan. Al ser día 19 y quedar pocos días para el día 23 es bueno que tengas en cuenta que el próximo jueves se cumple un año de la muerte del P. Román Llamas, carmelita descalzo. Lo conoces de oídas porque tienes su último libro, *San José, santo de todos los días*. Además, tu director espiritual te ha hablado de él y de la gran labor que hizo durante tantos años difundiendo mi vida, estudiando su presencia en la Biblia y en los escritos de los santos, los papas, etc.; incluso dirigiendo una revista popular para hacer más directa esta tarea con la gente que no es amiga de libros o estudios serios, pero sí lee una revista con artículos sencillos sobre mí. Juan, te hablo de *El mensajero de San José*. Por eso quiero hacer presente al P. Román en este domingo 19 de mes y tomarlo como referencia para lo que tenía pensado presentarte hoy: las puertas que abre el silencio.

Para este tema voy a otro de sus libros, *El Evangelio de San José*. En dicho libro hay un capítulo que tienes que leer con todo detalle: es el 14, *José, el justo silencioso*. El libro trata muchos temas, pero ahora nos centramos en el 14. Vamos a ver cómo el P. Román describe el silencio que vivo y cómo lo puedes aprovechar tú y todo aquel que hace silencio para abrir tres puertas muy importantes en la vida de toda persona: conocimiento propio, conocimiento de Dios y apostolado. ¿Quieres abrir estas tres puertas, Juan? Te lo pregunto conociendo por adelantado la respuesta. ¡Comenzamos!

Todo parte de lo que es el silencio. De eso ya hemos hablado, pero no me resisto a ofrecerte otra definición de silencio que el P. Román presenta al inicio del capítulo y que nos ayuda para conocer la primera puerta:

> «El silencio no es principalmente ausencia de palabras, de sonidos o rumores, es más bien capacidad y realidad de vida interior y profunda, reflexiva, gozosa y expresión de profundidad de vida interior y espiritual. El silencio es sabiduría, escucha, tranquilidad vibrante de vida, profunda contemplación».

Con esta nueva definición de silencio, querido hijo, abrimos la primera puerta. Es la puerta que te abre a un horizonte interno, escondido sin el cual no eres capaz de levantar la mirada al cielo. Juan, te hablo del conocimiento de uno mismo, del conocimiento propio, que va unido al crecimiento espiritual. Cuando te conoces de verdad es cuando haces silencio por dentro y por fuera, es lo que te conté el otro día. ¿Te acuerdas? Ahora aplicamos eso para que entiendas cómo una realidad lleva a la otra. Una persona madura si hay silencio en su vida. Esto lo sabes bien porque lo vas experimentando en primera línea con todo lo que vas viviendo desde que empecé a hacerme más presente en tu vida y comenzaste a buscar una vida interior que te descubre y te lleva hasta lo que eres en realidad, un alma con sed de silencio.

Juan, vuelvo a la definición para recordarte algunas palabras clave. El silencio te conduce hacia una vida interior, profunda, reflexiva, gozosa. Son cuatro palabras: interioridad, profundidad, reflexión y gozo. Las tres primeras son el fundamento de lo que se ve en el exterior de la persona que vive el silencio, ¡el gozo! Si hay silencio de verdad el alma goza porque se conoce y ha hecho un camino precioso y tiene ganas de más. Para eso hay que dedicar tiempo, hay que cavar hacia dentro, eso cuesta, querido hijo. Lo sabes bien por tus estudios de ingeniería, para construir un gran edificio hay que excavar y echar buenos cimientos. Si no, todo se derrumba... Es fundamental, Juan, que te conozcas bien para poder dar pasos en la vida sin equivocarte, e incluso conociéndote bien, también puedes caer en algún error, pero será más difícil. ¿Juan, estás dispuesto a llegar hasta lo más profundo de tu ser para poder cimentar tu vida de verdad?

Y según te conoces descubres mucho más de ti. En el silencio de tu interior encuentras lo que nunca hubieras pensado. ¿Dónde buscan tus amigos la sabiduría, la escucha y la tranquilidad? ¡Fuera de ellos! El ruido que los envuelve no les deja escuchar el silencio. ¿Me equivoco? Sé sincero, Juan. Sabes bien que sin mirar dentro de ti en silencio nada de esto se puede encontrar y mucho menos vivir.

Entonces, cuando descubres el tesoro interior que hay dentro de ti, que eres tú mismo y todo lo que es una criatura creada a imagen y semejanza de Dios, vas más allá y te abres a Dios. Sí, Juan, el conocimiento de uno mismo lleva a la profunda contemplación donde uno crece al mismo tiempo a nivel espiritual. Y eso no es otra cosa sino la apertura a Dios, a querer conocerlo y, por tanto, a comenzar una vida de oración.

Juan, pasamos a la siguiente puerta, la segunda. Hablamos ahora del conocimiento de Dios y la vida de oración. Esta puerta también la conoces, pero porque antes has hecho silencio y te has conocido por dentro. ¡Es algo muy grande! Descubrir a Dios dentro de ti y querer conocerlo a fondo hablando con Él en silencio, en pura contemplación que abre el alma y el cuerpo a lo más alto, a mirar al cielo y dejarse llenar de la presencia desbordante de todo un Dios que te ha creado por puro amor... Ay, Juan... ¿Ves cómo entramos cada vez más dentro de ti y de lo que reina en tu corazón...? Y para seguir con esto vamos otra vez a recordar palabras de nuestro querido P. Román:

> «El silencio es la actitud que se da sólo en el ser que vive en profundidad e intensidad la vida de dentro. Sólo del silencio brotan las palabras densas de sentido, fecundas y ricas, salen los hechos significativos y llamativos. Los actos heroicos se fraguan en el silencio».

¿Y qué es esto sino la oración, conocer y entrar en intimidad con Dios desde el silencio? El silencio, querido hijo, te abre a otra dimensión en tu vida: la inmensidad de Dios. Y por eso quieres rezar, adorar y escuchar a mi Hijo, y con él también a mi Esposa, y unido a los dos vienes verme a mí también. ¡Qué satisfacción y alegría para un padre ver todo esto en su hijo...! Juan, no sabes lo feliz que me haces cuando te veo rezar en cada momento importante del día y de tu vida. Dirigirte al Padre, al Hijo, al Espíritu o la Madre que tanto te quiere o al Padre que en lo escondido de su taller te invita a estar siempre con su Hijo.

Para rezar bien antes hay que conocer a Dios en el silencio. Hablar con Dios para poder hablar de Dios. Al revés es imposible, Juan. Primero y siempre, antes de nada, habla con Dios. ¡Ese es el camino, Juan! Has empezado muy bien y vas mejorando mucho. ¡Cuánto me alegro! De tu silencio interior en intimidad con Dios brotan de tu corazón palabras densas de sentido, fecundas y ricas. Son palabras que espera mi Hijo. Quiere escuchar lo que un alma vive por dentro cuando se pone ante su presencia. Eso es oración querido hijo… Y del conocimiento de Dios en silencio y la oración, brotan obras llenas de contenido, o como dice el P. Román, «salen los hechos significativos y llamativos». Estamos atisbando la última puerta, Juan, el apostolado que nace del silencio. Pero antes de pasar a él, quiero que seas consciente y asumas todo lo dicho hasta ahora para bien de tu alma. No tienes que correr. Has de ir despacio, paso a paso para que tu vida llegue a lo que mi Hijo tiene preparado para ti. Eso solo lo vas a descubrir si te conoces a ti mismo y a mi Hijo. ¿Cómo? Pues en el silencio que te voy detallando. Es lo mejor, Juan. Silencio y vida y oración para dar el salto al apostolado. Nada de lo que hagas de manera heroica puede estar lejos del silencio. ¿Sabes por qué? Pues porque como dice el P. Román, «los actos heroicos se fraguan en el silencio».

Ahora sí, Juan, pasamos a conocer la tercera y última puerta, el apostolado. ¡Todo se fragua en el silencio! Todo tiene un fin: ¡la unión con Dios!, ¡el conocimiento de uno mismo! y ¡el conocimiento de Dios! Todo unido es lo que da fuerza a una persona que camina siempre buscando la virtud y la santidad en este mundo. Por eso, Juan, es bueno que veamos cómo has de empezar a realizar tu apostolado desde la vida de silencio interior. Atento a lo que dice el P. Román:

> «El que vive muy dentro, muy en Dios, calla, la misma presencia y experiencia de Dios le está llamando a callar, porque esa misma intimidad te enseña que el silencio es mejor y más elocuente que las palabras, y te urge al silencio, clima y actitud para escuchar a Dios y llenarte de él y para que, lo que tengas que tratar o decidir, lo hagas desde esa presencia fuerte y silenciosa de Dios. Es ese Dios presente y experimentado, el que parece decirte: calla o di palabras más elocuentes que el silencio si las encuentras. Que sólo se debe hablar cuando se encuentran palabras más preciosas que el silencio. Es la única

actitud propia, adecuada y justa ante la incomprensibilidad del misterio de Dios».

¿Y de esto no brota algo? ¿Ves por dónde quiero llevarte, Juan? Sal fuera, anuncia que el silencio te ayuda a conocerte y a conocer a Dios, y que nada hay como el silencio como puerta para un apostolado fecundo. Sin silencio no hay cimientos, sin cimientos no hay casa y sin casa no hay familia donde Dios pueda habitar para dar vida en abundancia. Y sin familia unida en el silencio no hay sociedad donde pueda reinar mi Hijo. Te lo dice uno que es padre de familia y sabe mucho de esto y de trabajo en casa. Y no solo esto, sino también saber callar tantas veces. Es algo que has de tener muy en cuenta, Juan.

Juan, recuerda mi taller, mi casa de Nazaret, mi vida diaria con Jesús y María. Métete ahí y verás todo de otro modo. Todo es para hacerte ver que el centro es Jesús, el niño que llega a adolescente y más tarde a un joven como tú. En casa no callo, hablo, dialogo con María mientras vemos crecer a Jesús. De esto ya hablaremos con más detalle dentro de poco. Ahora es solo un adelanto porque todo esto, querido hijo, ayuda a entender mejor lo que dice el P. Román. Volvamos a ese capítulo que dedica a mi actitud silenciosa:

> «El silencio profundo es el padre de las palabras pletóricas de vida y sentido; es fuente fecunda de elocuencia en las palabras y en el testimonio de vida. San José no habló, pero hizo; su hacer es la mayor alabanza de su silencio, manifestación palpable de su justicia. ¡Cuántas veces hablamos, proponemos, prometemos y luego no hacemos! Son palabras, propósitos y promesas que no nacen de un silencio hondo. Las palabras que no nacen del silencio profundo, centrado totalmente en Dios, se las lleva el viento y lo mismo las obras».

De las palabras de apostolado pasamos a las obras. Juan, hay que hablar y obrar después de escuchar el silencio... El viento tiene mucha fuerza, pero el silencio más, querido hijo. Quiero que todo lo que digas, propongas y prometas lo lleves a la realidad. Tienes un padre que te puede enseñar a dar pasos en este sentido. No te creas que es algo fácil. Puede parecerlo, pero no es así. No te fíes mucho. La boca nos traiciona con mucha frecuencia. Es mejor callar. Callar y obrar para que lo que salga de tu corazón sea realmente algo que da sentido a tu vida y al mismo tiempo enciende el corazón de los que están a tu lado. Ojalá, querido hijo, que todos descubran que hay algo especial en ti que te hace actuar de otro modo muy distinto. Juan, calla, pero haz lo que debes y sabes: dar vida a este mundo que desconoce, rechaza o minusvalora el silencio. Tienes tarea para rato. Entra en tu interior y muestra tu vida nueva al descubrir el mayor tesoro que habita en el silencio: la persona que busca y el Dios vivo que la ha puesto a caminar en un momento concreto de la historia. Este es el camino, Juan. ¡Sigue! ¡No pares! ¡Estate siempre atento a todo aquello que pueda ayudarte a caminar en silencio a lo largo de tu vida! Y recuerda algo muy importante que nunca me cansaré de repetirte, Juan, no vas solo en este camino.

Voy a terminar con otro párrafo del P. Román. No me llames pesado, hijo, el P. Román hizo una gran obra y una de las maneras de agradecérselo es haciéndote conocer la riqueza que se escondía en el silencio de este fraile. El P. Román con gran satisfacción contaba a todos una confidencia que espero que algún día llegues tú también a vivirla y contagiarla de igual modo que hacía él: «Yo estoy todos los días con San José». Es verdad, no mentía. Estaba todos los días conmigo porque rezaba, leía y hacía silencio. Ya sabes lo que tienes que hacer, Juan, son los deberes que te pongo para hoy. Para ayudarte te copio otro texto suyo sobre cómo se ha de vivir el silencio para ser fuente de apostolado fecundo:

> «El silencio tiene que ser fuente inagotable de palabra enriquecida y fértil y de testimonio eficaz de vida. Nada hay más fecundo que el silencio así vivido. Es necesario el silencio para

que nazcan obras, obras de vida, de sabiduría, de virtudes [...] Y cuanto más profundo e interior es el silencio, más ricas y llenas de sentido las palabras y más desbordantes los hechos».

Mira, Juan, no sé qué más decirte. Lo mejor es callar y volver a leer estas palabras. Son pocas, pero condensadas. No me sale más, Juan. Ahora te toca hablar a ti, espero que hagas tuyas estas palabras y las pongas en práctica. Quiero que te introduzcas en el silencio más profundo de tu corazón para que te encuentres contigo mismo, con mi Hijo y también conmigo. Una vez vivido ese encuentro en silencio adorador y contemplativo, es cuando puedes salir. Antes no, por favor, hazme caso. Sé que eres muy obediente en todo lo que te digo y pido. Y eso demuestra que eres un bueno hijo. Además, quieres crecer por dentro para ser feliz de verdad y no temer ante lo que pueda presentarse en tu vida ni dudar. Al vivir en el silencio la verdad siempre guía y las dudas desaparecen.

Me emociono un poco al escribir esto. Juan, te veo tan bien, tan lleno de amor de Dios, tan decidido a entregar tu vida por Dios y por España que lo mejor que puedo hacer en estos momentos es darte las gracias por ser ese hijo que muchos padres quisieran tener. La mayoría de los padres ni viven el silencio ni proponen vivir el silencio a sus hijos. Sufren porque viven llenos de ruido. Vivir en silencio es muy distinto. La persona es otra. Los hijos se forman y crecen con una fuerza especial que solo se puede recibir cuando uno rechaza el ruido, calla y deja a Dios hablar al corazón. Sí, Juan, estoy muy orgulloso de tener un hijo como tú. Y lo digo bien alto, Juan, gracias por estar siempre a mi lado y siguiendo los consejos que te doy. Mi Hijo tiene grandes sorpresas preparadas. Has de esperar al momento. Durante esta espera lo mejor es hacer silencio. De todo esto sabes mucho. No sigo. Tampoco quiero que se te suba a la cabeza, sino que seas consciente de que el silencio está haciendo de ti un joven distinto a la gran mayoría. Juan, ahora te toca a ti actuar, ejercer ese apostolado de mostrar a otros todo lo que se esconde en una experiencia que transforma y que puede llegar a ser un modo de vida. ¡Sigue! ¡Mira tu corazón! ¡Haz silencio! ¡Calla! ¡Espera! ¡Vive en Dios!

Me despido, vas a llegar enseguida y quiero darte la sorpresa. Aprovecha bien el domingo, Juan. Es el día de mi Hijo, lo sabes bien y por eso participas en la eucaristía y haces silencio para que te hable en el callado amor. Ahora, cuando termines de leer esta carta, pon en práctica todo lo que te he dicho y verás que bien te va. Lo digo y lo hago porque busco y quiero lo mejor para ti. Soy tu padre, Juan, y el padre de todos los que sois hijos de la luz e hijos del día y que, como dice mi Hijo hoy en el Evangelio y has escuchado en misa, todos tenéis que trabajar con los talentos que os ha repartido. A ti te ha dado muchos, Juan, entre ellos has recibido el talento de hacer silencio en tu interior.

Hasta pronto, querido hijo, tu padre que te quiere mucho

San José

Silencio divino

22-11-2023

Querido hijo, querido Juan:

Otra noche más nos vemos. Bueno el vernos es un decir porque no me ves ni te enteras de que estoy a tu lado porque duermes profundamente. Lo necesitas y es muy bueno para ti. Tanto estudio te deja agotado mentalmente. Como padre sabes que forma parte de mi ser velar tu sueño. Un padre que siempre está pendiente de sus hijos y cuando duermen aprovecha para hacer lo que no puede mientras están por la casa. No es que sea tu casa, sino tu habitación de la residencia universitaria, pero ya me entiendes bien lo que quiero decirte. Estoy a tu lado, muy cerca y poniendo por escrito lo que sale de mi corazón para mostrar las maravillas que brotan de una vida de silencio bien entendida.

Juan, hasta ahora te he presentado temas introductorios en torno al silencio, de manera general. Ahora vamos a entrar en el silencio en su sentido pleno. Los dos tenemos tiempo y ganas para esta tarea. ¡Nos quedan muchas noches por delante! ¡Tienes mucho que descansar mientras avanzas en tu tercer año de ingeniería! ¡Vas saboreando cada vez más estas cartas! Lo noto mucho al ver cómo vas cambiando por dentro. A un padre no se le escapa nada de sus hijos. Y más si goza al ver cómo hace caso a todo lo que le dice e invita su padre. Lo que vamos a hacer a partir de ahora es profundizar en lo que es el silencio, sus tipos y a dónde te lleva. Para que entiendas mejor, es como una prolongación detallada del silencio interior del que hemos hablado hace pocos días. Ese silencio interior es la clave, Juan. Has empezado un camino apasionante y no vas solo.

El punto de partida, o fundamento de todo, es bien sencillo: Dios es silencio. Sí, Juan, Dios es silencio puro. Me dirás que Dios habla de muchas maneras y es verdad, pero para conocer a Dios y entablar un diálogo con Él hay que acudir al silencio. Al silencio de Dios y al silencio del que busca a Dios con pasión como tú. Por eso voy a presentarte diversos tipos de silencio que te ayuden a acercarte, conocer y amar cada vez más a Dios. Son como pasos que puedes intercalar. No tienes por qué seguir el orden que te presento. Lo hago siguiendo la historia de los que han marcado un camino de encuentro directo con Dios. Aprovecha lo que más te ayude y sirva para crecer en el silencio. Son hijos míos que mucho antes que tú han hecho silencio en su interior y han dejado esa experiencia por escrito. Es lo que te espera a partir de esta carta. Esta es un poco especial porque en ella te presento a Dios como silencio, o, dicho de otro modo, como silencio divino. El silencio como modo de ser de Dios y puerta para iniciar un camino hacia Él. ¿Te acuerdas, querido hijo, de las puertas de las que te hablé el domingo pasado? Eran solo tres. Ahora se abren en tu horizonte muchas más. Pero si antes no pasas por las que ya conoces no vas a poder ni siquiera descubrirlas en tu camino de silencio interior. Estas sí que debes atravesarlas antes. Las que vienen ahora, eliges las que más te ayuden según cómo te encuentres por dentro.

Vamos al tema que ya es hora. Son casi las 00:30 y tenemos algo importante que conocer: el silencio divino. Voy a tomar a otro carmelita descalzo como compañero de camino para presentártelo. Me vas a decir que hay más santos que hablan del silencio. Lo sé, Juan, pero para introducirte en el silencio he querido escoger a los que más llenan mi vida de alegría al ser la orden religiosa que más ha hablado del silencio teniendo de fondo el silencio del que ahora te escribe. No tienes más que recordar la carta del domingo. Juan, vamos con un tocayo tuyo, san Juan de la Cruz. Conoces de sobra a este hijo destacado de santa Teresa de Jesús, el que inicia la vida del Carmelo Descalzo masculina en el perdido conventillo de Duruelo, en Ávila, allá por el año 1568.

Hay una frase suya que es muy conocida y citada cuando se habla del silencio. Es la que nos va a servir de guía y de punto de arranque para hablar del silencio divino. Juan, tu tocayo escribe una serie de dichos que son como breves sentencias espirituales que reparte entre las monjas. Las hijas de Santa Teresa las copian y algunas de estos dichos los deja él mismo escritas en un pequeño cuadernillo que es de lo poco que se conserva de su mano. Apenas hay autógrafos de san Juan de la Cruz, pero este códice de los *Dichos de luz y amor* es todo un tesoro que llena de vida a todo el que se acerca. Pues bien, uno de esos dichos es el siguiente:

> «Una sola palabra habló el Padre, que fue su Hijo; y ésta habla siempre en eterno silencio, y en silencio ha de ser oída del alma».

No puede ser más directo san Juan de la Cruz. ¿A que sí, querido hijo? Este dicho sanjuanista podría resumir todas las cartas que te voy a escribir y muchos tratados sobre el silencio. Dice tanto en tan pocas palabras... Juan, léelo tú solo y repítelo en tu interior... ¿Qué ves? ¿Qué sientes? ¿Qué me dices?

Silencio... Silencio... Silencio... Antes de la palabra es necesario el silencio. Dios habla en silencio. Dios ha de escucharse en silencio. Dios habla poco, pero de verdad. Dios habla en su Hijo Jesucristo... Juan, el Padre nos da todo en el Hijo. San Juan de la Cruz es quien nos lo hace ver de una manera sublime.

Es pura vida. Enciende el corazón. Calla todo lo que estorba. Solo silencio. Silencio y nada más. Vida de silencio. ¿Cuántas palabras dices al cabo del día, Juan? Imposible contarlas. Ni se te habría ocurrido esta tarea ni sabes cómo llevarla a cabo. Te digo esto, querido hijo, para ayudarte a entrar en la profundidad que tienen estas palabras.

El Padre de la gloria solo habla una palabra: ¡El Hijo!

El Hijo solo habla de una manera: ¡En eterno silencio!

El alma solo puede oír al Hijo por medio de una actitud: ¡En silencio!

¿Llegas a lo que te quiero decir, Juan? ¿Ves lo que suponen estas afirmaciones? ¿Te hacen ver la vida de otra manera? ¿Entras en la esencia del silencio? ¿Descubres a Dios en el silencio? ¿Oyes al Hijo en silencio?

Hablando tanto sobre el silencio y de la suavidad de Dios en su modo de hablar que casi te despierto con tanta exclamación. No me he dado cuenta, pero es que cada vez que repaso esta dicho de amor de san Juan de la Cruz me pasa lo mismo, me enciendo al darme cuenta todo lo que se puede expresar en apenas dos líneas. Juan, ¿quieres que te diga algo más? ¿No es mejor que te deje a ti escribir lo que brota de tu corazón al leer, orar y hacer tuya esta frase sin par cuando leas estos folios que dejo sobre tu mesa? Creo que pensamos lo mismo, querido hijo. Te lo pongo como deberes para cuando quieras contestar esta carta y dejar por escrito qué significa este dicho sanjuanista para ti, cómo te ayuda a profundizar en el silencio y qué luces te da para tratar con más intimidad al Padre y al Hijo.

Podría terminar la carta aquí y despedirme, pero no. Juan, tienes que saber lo que pocos conocen, la continuación que hace tu tocayo de este dicho en una de sus obras. Ahora te hablo de la *Subida del Monte Carmelo*. Es un tratado sobre la purificación del alma para llegar a la unión con Dios. Tiene tres partes que él llama libros, como se dice en aquella época. El capítulo 22 de este segundo libro es uno de los principales. Atento, querido hijo, porque al hablar de Cristo como plenitud de la revelación retoma esta idea y la desarrolla de un modo singular. Se refiere a todos aquellos que piden más revelaciones y palabras, milagros y demás experiencias espirituales. Entonces san Juan de la Cruz habla claro y directo, todo está dicho en Cristo, la Palabra hecha carne:

> «Pero ya que está fundada la fe en Cristo y manifiesta la Ley evangélica en esta era de gracia, no hay para qué preguntarle de aquella manera, ni para qué él hable ya ni responda como entonces. Porque en darnos, como nos dio a su Hijo, que es una Palabra suya, que no tiene otra, todo nos lo habló junto y de una vez en esta sola Palabra, y no tiene más que hablar».

Dice lo mismo de una manera más fina y trabajada y dentro de todo un desarrollo doctrinal que ahora no nos interesa entrar en él. Lo que quiero recordarte es la frase que prolonga el sentido de esa con la que hemos empezado. Te entresaco la frase del párrafo para que la leas mejor. Aquí la tienes, Juan:

> «En darnos, como nos dio a su Hijo, que es una Palabra suya, que no tiene otra, todo nos lo habló junto y de una vez en esta sola Palabra, y no tiene más que hablar».

El Padre nos da todo en el Hijo que es a la vez mi Hijo, ¿te das cuenta, querido hijo? Te lo digo como lo siento y como tienes que vivirlo, Juan. Entra hasta el fondo. Sabes hacerlo. El Padre no tiene más que decir porque todo lo dice en Jesús, el que nace en una cueva en Belén. ¡No tiene más que hablar! Esto ya es para callarse y dar las gracias al Padre por hablarnos tan claro, tan directo y veraz. Parece que san Juan de la Cruz ha estado antes hablando con el mismo Padre. Así lo creo y también con el Hijo y luego pone esto por escrito. Solo así se pueden entender estas palabras tan penetrantes. ¿Qué opinas, Juan? ¿Te quedas callado como yo? Es lo mejor. ¿Y sabes por qué? Porque el santo que nos habla esta noche no se calla y sigue entrando en nuestro corazón con este silencio de Dios:

> «Dios ha quedado como mudo y no tiene más que hablar, porque lo que hablaba antes en partes a los profetas ya lo ha hablado en el todo, dándonos al Todo, que es su Hijo».

Si tenía alguna duda creo que ahora se te quitan ya todas. Por si no ha quedado bien claro ahora da un paso más y nos dice sin rodeos que Dios se queda mudo. Sí, Dios mudo porque no tiene que decir más. Es el que busca a Dios el que tiene que callar también para escuchar todo lo que ya ha dicho en su Hijo y a través de los profetas. Juan, lee también a los profetas para vivir el silencio como ellos, de eso te hablaré en la siguiente carta, por eso ahora no te digo más.

No me resisto, querido hijo a recordarte lo que al principio no quería, que era entrar en esa disputa de los que buscan visiones y revelaciones, pero como san Juan de la Cruz lo expresa de una manera tan viva y que ayuda tanto, pienso que mejor te lo recuerdo y de paso te sirve de refuerzo para seguir entrando con ganas en la vida de silencio interior:

> «Por lo cual, el que ahora quisiese preguntar a Dios, o querer alguna visión o revelación, no sólo haría una necedad, sino haría agravio a Dios, no poniendo los ojos totalmente en Cristo, sin querer otra alguna cosa o novedad. Porque le podría responder Dios de esta manera, diciendo: "Si te tengo ya habladas todas las cosas en mi Palabra, que es mi Hijo, y no tengo otra, ¿qué te puedo yo ahora responder o revelar que sea más que eso? Pon los ojos sólo en él, porque en él te lo tengo todo dicho y revelado, y hallarás en él aún más de lo que pides y deseas. [...] Míralo tú bien, que ahí lo hallarás ya hecho y dado todo eso, y mucho más, en él"».

Esto no necesita mucha explicación porque es lo que vives con mucha frecuencia. Sin conocer este texto de san Juan de la

Cruz lo haces tuyo porque lo único que buscas en esos momentos de silencio interior en intimidad con mi Hijo es poner los ojos en Jesús y callar para que hable el silencio, el silencio de Dios, el silencio que te envuelve por dentro y por fuera. Juan, ¡cuánto te quiero...! ¡Cuánto te quiere mi Hijo...! ¡Cuánto te queremos los dos...!

Según pasan los días y las noches todo se acerca más al silencio. Sí, querido hijo Juan, lo que te acabo de decir es verdad, son palabras de padre que buscan lo mejor para ti. Y al buscar lo mejor para ti, me encuentro con otro texto de san Juan de la Cruz de este capítulo 22 del libro segundo de la *Subida del Monte Carmelo* del que te voy hablando. Te prometo que ya no te pongo más textos sobre el silencio divino según san Juan de la Cruz. Voy a terminar pronto y quiero dejarte esto como punto final a esa frase inicial de la carta que seguro que sigue resonando en tu interior mientras lees estas líneas. Juan, mira lo que dice el primer carmelita descalzo. Parece que habla con alguien. Así es. Habla cuando lo escribe y cuando alguien lo lee. Date cuenta de que está poniendo voz al mismo Dios Padre hablando sobre su Hijo. Es otra de esas sorpresas que nos regala fray Juan en sus escritos. Habla él y habla también el mismo Dios:

> «Si quisieres que te respondiese yo alguna palabra de consuelo, mira a mi Hijo, sujeto a mí y sujetado por mi amor, y afligido, y verás cuántas te responde. Si quisieres que te declare yo algunas cosas ocultas o casos, pon solos los ojos en él, y hallarás ocultísimos misterios y sabiduría, y maravillas de Dios, que están encerradas en él».

¡Juan!, tienes misterios, sabiduría y maravillas por descubrir. A tus veinte años te queda mucha vida por delante para entrar en este silencio de Dios que esconde tantos secretos. Algunos ya los vas descubriendo. Otros los has visto a lo lejos y muchos ni siquiera los conoces o ni te los imaginas. Es la grandeza de

Dios. Puro amor. Pura providencia. Puro silencio. Y en el silencio el Hijo habla. Escúchale en el silencio, Juan.

Estamos a veintidós de noviembre. Juan, hijo, mañana se cumple un año de la muerte del P. Román. Solo quiero recordártelo por si vas a misa y la ofreces por él. Te lo agradecerá mucho y seguro que te hace algún regalo para mostrarte que también te quiere y está muy pendiente de ti. Permíteme una frase suya para terminar esta carta. Es del mismo libro y capítulo del que te hablé en la carta del domingo. Es también directa y llena de contenido sobre lo que ahora nos importa, el silencio divino. Juan, mira lo que dice el P. Román al recordar el momento en que mi Hijo nace en Belén: «Jesús nace de noche. Dios pronuncia su Palabra en el alto silencio de la noche».

Noche. Silencio nocturno. Alto silencio de la noche. Ahí, cuando el silencio es más profundo, intenso y poderoso, en medio de la noche, mi Hijo viene a este mundo. Es de noche, hay silencio y todo cambia cuando un niño rompe el silencio de la noche y da luz en la oscuridad de la noche. Dios viene al mundo para dar luz y hacernos ver que para escuchar a Dios es necesario el silencio. Si hubiera nacido a plena luz del día, entre ruidos, todo hubiera sido muy distinto. Juan, busca a mi Hijo de día y de noche y haz silencio. ¿A que es más fácil hacer silencio de noche? Por algo será, por algo mi Hijo nace de noche, en el alto silencio de la noche. ¿Ves cómo el P. Román te hace un guiño para que busques a Jesús en el silencio de la noche? La Palabra de Dios se pronuncia de noche, resuena de noche, envuelve la noche. ¿Y qué pasa durante la noche? Pues que reina el silencio, el silencio que quiere Dios que vivas para poder escucharle.

Llega la hora, Juan. Me toca decirte adiós, hasta otro día, hasta otra noche, hasta otro miércoles. Nos queda camino. Por ahora ya tienes deberes para esta semana. Sé que los vas a hacer y muy bien. Confío mucho en ti, hijo mío. No me defraudas y espero que no tenga que arrepentirme nunca de esto que te digo ahora. Sigue durmiendo. Aquí te dejo esta carta. Léela con calma y guárdala con las que ya tienes. Cuando terminemos estos diálogos nocturnos tendrás un tesoro, una guía sobre la vida del silencio interior que te abre a Dios en la noche cuando todo calla y Dios espera que se le escuche. Es lo que dice san Juan de la Cruz de esa forma tan suya y que nos prepara a lo que nos espera dentro de pocos días.

Te dejo, Juan, se hace tarde. Me está esperando mi Hijo, el que ha dicho todo y te espera a ti también el sábado. Te quiero mucho. No me canso de decírtelo. Te lo digo como lo siento y lo vivo por dentro y por fuera. Eres mi hijo, eso me alegra el corazón. Me dice san Juan de la Cruz que también se quiere despedir de ti después del recuerdo que hemos tenido de él en esta noche. Pues hoy tienes doble compañía. Un abrazo de san Juan de la Cruz y otro de tu padre

San José

Silencio profético

29-11-2023

Querido hijo, querido Juan:

Lo que estás viviendo ahora no te lo esperabas para nada. Has terminado las clases de la tarde, y antes de anochecer y volver a la residencia te das una vuelta paseando. Muy cerca de tu escuela de ingeniería te encuentras conmigo. Estoy escondido, como siempre. Has pasado pocas veces por ese lugar, pero hoy te has quedado un poco parado junto a la puerta de la iglesia y has dado un paseo con calma por el jardín que hay al lado. Como no hace mucho frío, aunque sí algo de viento, te sientas a contemplar y disfrutar del paisaje antes de seguir camino. Repasas todo con la mirada hasta que te quedas clavado al ver una imagen entre un árbol y algunas plantas. Te levantas, te acercas y confirmas lo que no terminabas de creerte. Estás cara a cara con una imagen de san José. Y mientras vives este providencial encuentro, aprovecho para escribirte esta carta de hoy.

Así es mi Hijo, que lo tenía dispuesto para darte esta sorpresa en el último miércoles de noviembre después de haber celebrado el domingo la gran solemnidad de Cristo Rey. Jesús lo tiene todo preparado, Juan. Viviste con gran alegría la misa dominical y ahora descubres un lugar muy cerca de tu escuela donde poder venir a rezar a tu padre. Todo queda unido, querido hijo, los estudios y la oración, en un jardín junto a una iglesia. No es casualidad que hayas tenido este encuentro en esta tarde tan especial. Por algo será. Las vivencias de cada uno siempre tienen un porqué y muchas veces están avisadas por alguien que habla en nombre de Dios. Con esto vamos entrando en el tema de hoy que es el silencio profético. Juan, los profetas avisan al pueblo de Israel de todo aquello que Dios quiere comunicarle. Para ello es necesario el silencio, y no cualquier silencio, sino el silencio profético. El que ayuda a callar y escuchar a Dios para luego saber transmitir ese mensaje a los que viven más en el ruido del día a día. Los profetas vivieron hacen muchos años, siglos antes de nacer mi Hijo. En la Biblia tienes sus vidas y sus profecías en los libros *Proféticos*. Hay bastantes. Vamos a acercarnos a algunos para ver cómo el silencio es imprescindible para ser profeta. Prepárate para un viaje en el tiempo, Juan.

Empezamos por san Elías, el profeta por excelencia, el profeta entre profetas. No exagero, Juan, no tienes más que acudir al relato de la Transfiguración de Jesús en el monte Tabor para ver quién está con mi Hijo. Solo hay dos personajes, pero claves en toda la Escritura, Moisés y Elías. Por eso es bueno que empecemos por este gran profeta que ya conoces un poco. Juan, coge la Biblia que en esta carta te va a ser muy útil al hacer referencias constantes a los libros *Proféticos* para entrar juntos en el silencio profético. Busca el primer libro de los Reyes y lee conmigo:

> «Elías se levantó, comió, bebió y, con la fuerza de aquella comida, caminó cuarenta días y cuarenta noches hasta el Horeb, el monte de Dios. Allí se introdujo en la cueva y pasó la noche» (1 *Reyes* 19,8-9).

Juan, Elías llega a un monte. Hay silencio, es profeta y Dios le habla. ¡Comienza el silencio profético! En lo escondido, apartado y silencioso de una cueva del monte se encuentra con Dios. Pasa la noche en una cueva donde Dios le habla pidiéndole salir a su encuentro. Elías obedece y Dios actúa de manera portentosa:

> «Pasó el Señor y hubo un huracán tan violento que hendía las montañas y quebraba las rocas ante el Señor, aunque en el huracán no estaba el Señor. Después del huracán, un terremoto, pero en el terremoto no estaba el Señor. Después del terremoto fuego, pero en el fuego tampoco estaba el Señor. Después del fuego el susurro de una brisa suave. Al oírlo Elías, cubrió su rostro con el manto, salió y se mantuvo en pie a la entrada de la cueva. Le llegó una voz que le dijo: ¿Qué haces aquí, Elías? Y él respondió: Ardo en celo por el Señor, Dios del universo, porque los hijos de Israel han abandonado tu alianza, derribado tus altares y pasado a espada a tus profetas; quedo yo solo y buscan mi vida para arrebatármela» (1 *Reyes* 19,11-14).

Elías se encuentra con Dios en el silencio. Pero antes se encuentra con muchas presencias que no son de Dios. Un huracán, un temblor o un fuego podían ser una ayuda para descubrir a Dios, pero no. En todo ello hay mucho ruido, Juan. El ruido es contrario al silencio, entorpece el camino de silencio interior, bloquea todo intento de vivir en silencio.

Son tres realidades que podrían asemejarse a Dios por su fuerza, un huracán, un temblor o fuego, pero ahí no está Dios. La fuerza de un huracán no es nada con lo que puede arrastrar la grandeza de una vida de silencio interior. Cualquier temblor asusta, puede hundir todo, pero si no hay silencio, no es camino de Dios. Y el fuego que tanto hace mirar al Espíritu Santo y al amor divino tampoco es medio divino, porque si no nace del silencio o tampoco invita a entrar en el silencio, nos alejamos de Dios.

Juan, queda demostrado una vez más que el ruido no es presencia de Dios. El alma en silencio escucha a Dios en silencio. No hay vuelta de hoja. Es así y así has de vivirlo, querido hijo. Silencio y Dios van siempre unidos. Uno lleva al otro y el otro lleva al uno. Haz la prueba siempre y muéstraselo a tus amigos. Qué bien les vendría un poco de silencio para poder descubrir lo que se esconde en el silencio…

Dios se muestra en el susurro ligero, Juan. Cuanto más ligero y cercano al oído es el susurro, mejor llega al corazón del hombre que vive en silencio. De este modo es como un hombre curtido encuentra a Dios, en el susurro. Pero ten en cuenta este detalle, Juan. El hombre curtido es quien descubre a Dios en el susurro. Todos los profetas son hombres curtidos por el clima, la tierra donde viven, el paso de los años y, en muchos casos, la persecución que sufren por hablar a los que viven en el ruido de lo que Dios le susurra a un hombre que vive el silencio profético. Es todo un proceso que requiere tiempo. Es un tipo de silencio que no se puede vivir sin previa preparación.

Y a esta preparación se suma lo que hace el profeta Elías, se cubre su rostro, se recoge. No solo se trata de hacer silencio, sino que hay que recogerse y cubrirse para entrar en el misterio de Dios. Entonces, un hombre curtido, con el rostro cubierto y recogido, como Elías a la puerta de la cueva, es el prototipo de auténtico hombre que vive el silencio profético.

Solo queda un paso, Juan. Saber que Dios se manifiesta como quiere y vive el profeta. Puede parecer complejo, pero es fácil de entender. Mira, Juan, un hombre que vive el silencio profético vive como Dios le susurra en su corazón. No hay diferencia en la voluntad. Cuando la voluntad de Dios es la que el profeta quiere y vive, es cuando llega a la meta. Hemos llegado al final. Todo se entiende a la luz del silencio profético porque es Dios quien elige a hombres de este mundo para ser transmisores de su palabra en medio del caos que supone vivir en el ruido sin saber ni querer experimentar el silencio interior.

Hasta aquí lo que puede ayudarte a vivir el silencio profético de la mano de san Elías, pero sabes que hay muchos más profetas. Juan, vamos a conocer alguno más. Nos fijamos en aquellos que nos hablan del silencio como puente entre Dios y el alma silenciosa.

El profeta Zacarías en uno de sus oráculos avisa con ímpetu que hay que preparase a la visita del Señor:

> «¡Silencio todo el mundo ante el Señor que se levanta de su morada santa!» (Zacarías 2,17).

Se encuentra entre los oráculos complementarios que presenta al pueblo mientras describe las visiones que tiene de Dios. Lo importante ahora es mostrar la importancia del silencio que el mismo Dios pide para todo su pueblo. Silencio ante Dios. Silencio de todos. Silencio porque Dios viene al hombre.

Este triple silencio da como fruto, querido hijo, la vivencia plena del silencio profético. Primero, reconocer que estamos en camino hacia Dios. Luego vivir unidos. Al final contemplar a Dios. En todo momento el silencio es necesario. Cada vez más intenso y profundo para que Dios pueda hablar en el silencio a su pueblo y habitar en cada corazón. Dios deja el cielo, se encarna, muere, resucita y vive para siempre en su santa morada. Es camino de Dios, de silencio, de profundización, de seguimiento, de unidad, de todo aquello que ayuda a crecer en la vida espiritual y llegar hasta el silencio profético.

A todo esto, se suma un detalle muy importante y característico de todo profeta, la energía con se proclama lo que Dios pide a sus hijos. Una vez hecho silencio interior, el silencio profético se abre a una ruptura de silencio para que todos se den cuenta que Dios quiere hablar y tenemos que estar preparados, en silencio y atentos a su palabra.

Lo mismo dice Habacuc:

> «El Señor está en su santo templo. ¡Silencio ante él toda la tierra!» (*Habacuc* 2,20).

Y Sofonías prepara al día del Señor con la misma idea, con el silencio para todos:

> «¡Silencio ante el Señor Dios!, pues se acerca el Día del Señor. El Señor ha preparado un sacrificio, ha consagrado a sus invitados» (*Sofonías* 1,7).

Isaías en el mismo sentido, pero de una manera más directa, eleva el tono poniendo voz al mandato de Dios:

> «Callad ante mí, islas, cobren fuerza las naciones, que se acerquen a hablar, comparezcamos juntos a juicio» (*Isaías* 41,1).

Ahora, querido hijo, damos un paso más en este silencio profético. Entramos en esa unión espiritual del alma con Dios que solo se puede dar en el silencio del desierto del corazón. No puedes olvidar que Dios siempre quiere estar unido al que le ama de corazón y promete la unión con él. Lo muestra el profeta Oseas:

> «La persuado, la llevo al desierto, le hablo al corazón» (*Oseas* 2,16).

Ahí en el silencio del desierto de tu corazón es donde te pide algo especial, te presenta tu vocación. Otra vez tres pasos. ¿Te das cuenta, Juan? Es muy pedagógico todo lo que Dios presenta a sus hijos para que lleguen de la manera más rápida y sencilla hasta Él. Dios no se cansa, insiste una y otra vez, de mil maneras, no pierde ni una ocasión, siempre está llamando a la puerta, quiere que el hombre viva en silencio interior. Dios es persuasivo en todo para que sus planes se cumplan. Tiene uno para cada uno de sus hijos. Pero muchos están sordos, o viven en el ruido, o ni siquiera se han percatado de lo que tienen dentro de sí mismos.

Una vez que hay un punto de contacto, Dios lleva al alma al desierto. Sin desierto no hay silencio interior. Y más que eso, querido hijo, no se puede entender bien el silencio profético. Ya hablaremos más adelante del silencio desértico, pero ahora es bueno entrar en el desierto desde el silencio profético. Repasa la vida de los profetas, Juan. Verás que el desierto va unido a sus vidas. No se entiende bien ni llega a plenitud su existencia si desaparece de escena el desierto, la soledad, el silencio... Así se va forjando un profeta, Juan. Con silencio y en el desierto. Cuanto más callado y cuanto menos tiene a su alrededor, mejor puede fijar su mirada en Dios. El desierto ayuda a mirar de otro modo, Juan. Es un paisaje que te atrapa, te envuelve y te muestra lo poco que es uno mismo y lo grande y vacío que puede llegar a estar uno cuando no busca el silencio interior. El desierto te muestra la desolación, pero si se llena de silencio profético, porque Dios habla al corazón, cambia por completo.

Ahí tienes que llegar, Juan. A ser muy feliz cuando en medio del desierto, Dios te habla al corazón. No todos quieren. Tampoco todos valen. Unos pocos se lanzan. Entre ellos estás tú, querido hijo. Has sido persuadido por Dios. Te ha llevado hasta el desierto. Ahora te hablará el corazón. Pero en silencio, Juan, en silencio, en silencio profético para que luego lo compartas con todos. Callar para luego gritar a pleno pulmón. Es así como sentirás la fuerza de todo un Dios que toca tu corazón, te susurra como Elías y te lleva al desierto con Oseas para escuches de verdad. Todo cambiará, Juan, pero no te inquietes, no tengas prisa. Elías estuvo cuarenta días de camino por el desierto; mi Hijo también pasó cuarenta días en el desierto, y muchos han buscado el retiro del desierto para poder escuchar con plena nitidez el amor de Dios, que se derrama con toda su fuerza cuando un corazón como el tuyo, enamorado de Dios, escucha en los más secreto del alma la voz del que quiere y pide profetas para este siglo XXI. Profetas como tú, Juan, que sabes lo que es necesario para vivir el silencio y no te callas todo lo que vives en ese silencio que muchas veces es profético. Sin darte cuenta lo vives y contagias a tus amigos. Ese es el camino, Juan. Sigue que llegarás lejos, muy lejos, a la unión con Jesús en medio del desierto en pleno silencio interior.

Nos queda el último paso, Juan, hacer silencio para descubrir la vocación que Dios ha pensado para cada uno. Es lo que vive el profeta Ezequiel:

> «Al cabo de siete días, el Señor me dirigió esta palabra: Hijo de hombre, te he constituido centinela de Israel. Cuando escuches una palabra de mi boca, los amonestarás de parte mía» (*Ezequiel* 2,16).

Es lo que te acabo de decir al terminar de meterte en el camino que ofrece el profeta Oseas para vivir el silencio profético. Pero Ezequiel afina más y se centra en el fruto que se cosecha de la vivencia del silencio profético. Lo que se escucha, Juan, has de proclamarlo. Te lo he dicho muchas veces en esta carta. Pero es que algo clave. Juan, mi Hijo quiere que seas centinela. Un centinela de la noche en que viven tantos jóvenes que no conocen el silencio interior... Eres un instrumento escogido para esta preciosa labor. Es muy necesaria, Juan. Dará grandes frutos, pero para ello, tienes que esperar y prepararte bien. Quedan muchas cartas por delante, esto es sólo el principio. Un ingeniero que habla del silencio para mostrar a sus compañeros de trabajo que todo es más fácil cuando sabemos lo que realmente tenemos que hacer en nuestras vidas cambia por completo el funcionamiento de una empresa. Lo verás cuando llegues a trabajar en ese sueño que tienes, ser ingeniero industrial, pero no cualquier ingeniero, sino un ingeniero que busca la soledad y silencio para no confundirse en el proyecto que tiene entre manos y en el que se juega mucho el futuro de la empresa. Unos quieren un camino y otros ir por otra senda, y tú, querido hijo, viviendo el silencio profético, levantas la voz, con respeto, alegría e ímpetu y dejas a todos callados.

¡Eso tienes que hacer, Juan! ¡A eso te llama mi Hijo! ¡Es tu vocación! ¡Callar! ¡Hacer silencio! ¡Escuchar en silencio! ¡Seguir a los profetas! ¡Ayudar a los que no son capaces de vivir el silencio! ¡Mostrar la grandeza del silencio interior! ¡Vivir el silencio profético!

Y en medio de todo este impulso interior que nace de un silencio interior, descubrirás qué es lo que te hace feliz, realizado y reconocido. ¡Un ingeniero industrial que habla como aquellos profetas del Antiguo Testamento! ¡Cuántas empresas y fábricas quisieran tener entre sus empleados a un profeta…! ¡Saltas de júbilo! ¡Das gracias a Dios! ¡Vives en Dios y para Dios! ¡Pisas tierra! ¡Das luz! ¡Proclamas lo que han de hacer los que no viven el silencio! Juan, ¿quieres ser un centinela en el mundo laboral?

Esto llegará, Juan, sí, pero ha de pasar tiempo, te lo presento así, de este modo tan vivo y directo, para que seas consciente de todo lo que eres y vales. Mucho, Juan. Vales mucho, querido hijo. Y todo esto te lo digo no para que se te suba a la cabeza, sino todo lo contrario, para que procures crecer en silencio profético que es lo más importante para tu futuro. Todo lo que te he dicho en el párrafo anterior llegará a ser realidad si tu vida es vida de profeta, de buscador de silencio interior, de un alma que busca a Dios y se deja encontrar por Él en medio del desierto del corazón humano. Ahí escucharás susurros que cambien tu vida por completo y te den una fuerza fuera de serie. Todo gracias al silencio profético. Ve despacio, Juan. Primero descubrir la presencia de Dios en tu vida, luego preparar la venida de Dios y entre medias acoger la vocación que Dios te regala para bien de todos y que se ha de cumplir, ¡ser santo!

¡Cómo corre el tiempo, Juan! Concluyo porque terminas ya ese paseo tan especial y te vas a encontrar con alguien en tu habitación. Es hora de despedirse, hijo. Da muchas gracias por lo que has vivido esta tarde. Has tenido una experiencia profunda de silencio profético donde solo te falta poner voz a lo que ha supuesto encontrarte con la imagen de un santo que, en un jardín, en silencio, te ha hablado al corazón. Te quiero mucho, Juan, tu padre,

San José

Silencio familiar

6-12-2023

Querido hijo, querido Juan:

Hoy te escribo de día, aprovecho que te has ido de paseo y a comer con tus padres que han venido a visitarte para volver esta tarde contigo a casa y vivir en familia la gran fiesta del viernes, la solemnidad de la Inmaculada Concepción de la Virgen María. Es una gran celebración en todos los sentidos, querido Juan. Qué te voy a decir que no sepas al vivirla siempre en familia con tus padres y hermanos poniendo en el centro a vuestra madre que os ha dado la vida y os ha enseñado, junto a vuestro padre, a acercaros a mi Esposa, y con Ella, a mi Hijo. Es la fiesta de las madres de familia, de la Madre Inmaculada y de España. Celebramos a la patrona de España que siempre ha estado tan cercana a esta patria tuya que es España. Un papa reciente y ya canonizado, san Juan Pablo II, hablaba de España como tierra de María. No se equivocaba para nada. España es una nación donde mi Esposa ha derramado muchas gracias y sigue haciéndolo con el amor que solo una madre sabe hacerlo…

Ay… Juan, me voy de tema, pero es que es tanto el amor de mi Esposa hacia ti… Y tú la quieres tanto… Todo esto me ayuda a centrar el tema de hoy, hablarte del silencio familiar.

Ese silencio que muchos no viven y que es fundamental para vivir en plenitud como familia que mira siempre a mi Hijo. Juan, ahora paseas con tus padres por esa ciudad que mi Hijo te buscó para que estudiaras Ingeniería Industrial. Aquí te has encontrado con mi Esposa, con mi Hijo y también conmigo. Has visto cómo la Sagrada Familia te ha acogido para alentarte en tus estudios y proyectos. Todo esto es posible porque antes has vivido muy unido a tus padres y hermanos. Eres un buen hijo y hermano. Haces familia y buscas siempre la unión con tu familia. Eso está muy bien y brota del silencio que vivís en vuestra casa. Ese silencio es el que nace y se difunde cuando uno lee con sumo detalle y devoción los relatos de la infancia de mi Hijo que recogen los evangelistas Mateo y Lucas. Tienes que leerlos estos días y hacer silencio con ellos. Llevarlos a lo más íntimo de tu corazón y descubrir algo muy importante: ¡el silencio familiar!

Juan, métete en el silencio y busca el encuentro con aquellos que te queremos como padres de verdad, tu Madre Inmaculada y tu Padre San José. En medio está el que nos une a todos, nuestro Hijo al que tanto buscas para adorarlo en silencio y para recibirlo en gracia cuando vas a la celebración de la eucaristía. Vamos a entrar en esos textos donde se manifiesta a toda la humanidad cómo vivo junto a María este silencio.

Querido hijo, Juan, empezamos por María, es Ella la importante estos días porque nos trae al Salvador. Ella en silencio acoge todo lo que vivimos juntos los dos. Yo me callo, María también, vivimos por dentro momentos importantes como el camino hacia Belén, el empadronamiento, la búsqueda de una casa, el deseo de preparar el nacimiento de nuestro Hijo con todo el amor del mundo. San Lucas lo dice de manera escueta: «María conservaba todas estas cosas meditándolas en su corazón» (*Lucas* 2,19). Juan suma a estos momentos el precioso instante en silencio de la adoración de los pastores... Me quedo con esa escena. Te veo ahí, como zagal que empieza a aprender el oficio y viene con otros pastores para adorar a mi Hijo en silencio. Se ponen de rodillas, todos, hacen silencio, ofrecen lo poco que llevan en el zurrón, callan, miran al Niño. Nos miran a nosotros y todos juntos hacemos silencio. Eso es lo que una madre no puede olvidar nunca y guarda en su corazón con amor de Madre.

Juan, ¿te imaginas estas escenas envueltas en ruido y ajetreo? Todo sería muy diferente. Bueno, es verdad que el ruido de llamar a las puertas pidiendo posada había que vivirlo, pero el silencio tras la llamada es muy doloroso, peor aun cuando el silencio se rompe al abrirse la puerta y escuchar que no hay sitio para nosotros... O el ajetreo de la oficina del empadronamiento donde vemos que todos tienen casa menos nosotros... Pero vamos al inicio de todo esto, Juan. El camino hacia Belén. Los dos solos, en silencio, sabiendo lo que está por venir y abiertos totalmente a la Providencia. Hablamos de nuestras cosas, María y yo, pero hay más ratos de silencio que de diálogo. Hacemos un camino interior en silencio que nos ayuda a prepararnos al nacimiento de nuestro Hijo.

Ahora, querido Juan, une todas estas escenas y hazlas tuyas para que este silencio familiar te ayude a vivir bien este Adviento y todos lo que mi Hijo quiera regalarte. Haz silencio y prepara cada año, como aquí has visto, la venida al mundo del Hijo eterno del Padre.

Un momento clave y trascendental en toda familia es el bautizo de los hijos. Ver cómo ese querido niño que ha nacido del fruto del amor de los padres empieza a ser hijo de Dios al recibir las aguas del bautismo es algo que si no se vive en silencio interior no se llega a uno a dar cuenta de lo que realmente sucede en esos momentos. Todos hablan del niño, todos saludan y felicitan a los padres, todos hacen ruido. ¿Y los padres también? O callan para orar por ese hijo de sus entrañas que recibe el mayor regalo, la entrada en su alma de la presencia de las tres divinas personas: el Padre, el Hijo y el Espíritu Santo.

Algo parecido nos pasa cuando vamos a presentar al Niño en el Templo. De nuevo es san Lucas el que nos hace callar: «Su padre y su madre estaban admirados por lo que se decía del niño» (*Lucas* 2,33).

Los hijos crecen, querido Juan, lo sabes bien, eres el hijo mayor de tres. Has visto nacer a tus dos hermanos, has acompañado sus primeros pasos y has compartido con ellos la adolescencia en casa todos los días hasta que hace dos años empezaste los estudios universitarios. Todo posible por el silencio de tus padres que disfrutaban viendo jugar a sus hijos en casa. Veros era todo un regalo inmenso que solo se puede entender cuando uno es padre. Te lo dice tu padre, Juan. Bueno, entiéndeme bien, tu otro padre, el que te escribe ahora, porque no vamos a dejar de lado a tu padre, al que te ha dado la vida al unirse a tu madre en amor para dar hijos a la Iglesia. Lo que pasa es que hay momentos en que uno puede andar y sale a la calle solo y busca él solo un camino, el de la intimidad con mi Hijo. Lo que veías que hacen tus padres cuando van a adorar a mi Hijo una vez al mes por la noche, lo empiezas a vivir a tu nivel con otros jóvenes y a otras horas más acordes con la adolescencia. Ahí también es importante el silencio. El silencio de los padres que se quedan admirados porque su hijo empieza a hacer adoración y se «escapa» de casa y se «pierde» y al final es encontrado ante mi Hijo en silencio. Eso es algo muy grande para unos padres, Juan. Ver cómo lo que ellos viven, los hijos lo quieren vivir también. Por eso hay que callar y deja a Dios hablar en cada momento, aunque a veces los padres nos quedemos un poco descolocados ante lo que hacen los hijos. Si es de Dios, hay que seguir con ello y más tarde se entiende todo, como cuando mi Hijo se pierde adrede en el Templo para mostrarnos que tiene otro Padre, Dios, con el que tiene que entablar diálogo:

> «Al verlo, se quedaron atónitos (*Lucas* 2,48). Al encontrarlo entre los doctores. Luego María reacciona: Hijo, ¿por qué nos has tratado así? Él les contestó: ¿Por qué me buscabais? ¿No sabíais que yo debía estar en las cosas de mi Padre? Pero ellos no comprendieron lo que les dijo (*Lucas* 2,48-50)».

Pero cuidado, Juan, no te excuses con que tienes que hacer lo que te diga mi Hijo si luego no vives como debes en casa. Mucho cuidado. Es algo muy importante. Muestra de ello es lo que hace mi Hijo después de encontrarlo en el Templo. Es obediente y vive con nosotros aprendiendo a hacer silencio para crecer como persona ante Dios y los hombres:

> «Él bajó con ellos y fue a Nazaret y estaba sujeto a ellos. Su madre conservaba todas estas cosas en su corazón. Y Jesús iba creciendo en sabiduría, en estatura y en gracia ante Dios y ante los hombres *(Lucas* 2,51-52)».

Es lo que tienes que hacer, Juan, aunque esta etapa las has pasado al empezar la universidad, no por ello lo puedes olvidar en cada momento de reencuentro familiar como por ejemplo el de estos días en casa con tus padres y hermanos. Ahí tienes que ser el que sigue unido a tus padres y enseña a sus hermanos a estar bajo la atenta mirada de unos padres que quieren lo mejor para vosotros. Y juntos vivir en silencio para dejar que Dios hable a cada uno y ponga en vuestro corazón lo que habéis de hacer como familia para crecer en sabiduría y gracia y los más pequeños también en estatura. Es tan importante el silencio familiar, querido hijo...

Ahora, Juan, cambiamos un poco. No nos alejamos de este silencio familiar, sino que lo vamos a ver desde el punto de vista del que te escribe, tu padre san José, es lo que deja por escrito san Mateo en su evangelio. San Lucas fija su mirada en María y san Mateo más en mi persona. Así son las personas, cada una tiene sus preferencias. En este caso, el apóstol Mateo ayuda a que todos miren al que siempre calla y nunca habla, pero que ama como nadie a Jesús.

Lo más conocido de mi silencio son los sueños. ¿A qué si, querido hijo? Los sueños de José, que tanto misterio esconden, hacen callar y abren la puerta al silencio. Juan, como ves en los evangelios, María habla en los relatos de la infancia. Lo acabamos de ver. Por eso le he dado el primer puesto a Ella, además de por ser la Inmaculada. Ahora es más fácil entender el silencio familiar al encontrarte con un padre que no habla nada de nada en los evangelios. No hablo, pero actúo. Todo lo que me pide Dios en los sueños lo pongo por obra. Me cuesta, no lo entiendo, pero me fío, me pongo en camino y dejo que Dios haga su obra. Para eso es imprescindible el silencio, querido Juan.

Ponte en mi lugar, Juan. Tengo los mismos años que tú ahora, veinte. Sin esperarlo María queda embarazada. ¿Qué haces? ¿Qué dices? ¿Qué esperas? Pues yo me callo, rezo y al final un ángel me habla en sueños:

> «José, hijo de David, no temas acoger a María, tu mujer, porque la criatura que hay en ella viene del Espíritu Santo. Dará a luz un hijo y tú le pondrás por nombre Jesús, porque él salvará a su pueblo de sus pecados» (*Mateo* 1,19-21).

¡Todo resuelto! Juan, ¿te das cuenta de que la solución está en el silencio interior como padre de familia?

Todavía se complica más la cosa cuando Herodes se revuelve. Podía haber dicho que era una locura, lo que tenía que hacer, pero de nuevo un ángel me habla y escucho lo siguiente:

> «Levántate, toma al niño y a su madre y huye a Egipto; quédate allí hasta que yo te avise porque Herodes va a buscar al niño para matarlo» (*Mateo* 2,13-15).

Nos vamos los tres en silencio. No damos vueltas. Hacemos lo que Dios quiere. Comienza un camino en silencio interior vivido en familia que ayuda a hacer lo mismo cuando aparece un problema grave en cualquier familia.

Una cosa es marchar, dejar la tierra, pero otra vivir en otra patria sin saber cuándo se podrá volver. En silencio todo se arregla:

> «Cuando murió Herodes, el ángel del Señor se apareció de nuevo en sueños a José en Egipto y le dijo: Levántate, coge al niño y a su madre y vuelve a la tierra de Israel, porque han muerto los que atentaban contra la vida del niño» (*Mateo* 2,19-21)

Con gran alegría volvemos a casa y otra vez el silencio nos llama a la puerta con un sueño:

> «Se levantó, tomó al niño y a su madre y volvió a la tierra de Israel. Pero al enterarse de que Arquelao reinaba en Judea como sucesor de su padre Herodes tuvo miedo de ir allá. Y avisado en sueños se retiró a Galilea y se estableció en una ciudad llamada Nazaret. Así se cumplió lo dicho por los profetas, que se llamaría nazareno» (*Mateo* 2,22-23)

Queríamos algo, pero Dios nos pide algo que nos cuesta. Lo ponemos en oración y comenzamos una vida nueva en Nazaret.

Cuatro sueños, cuatro momentos clave en mi vida y en la vida de Jesús y de María. Cuatro momentos que vivo en silencio y al mismo tiempo también mi familia. Todo nace del silencio y se soluciona en el silencio, para ver una vez más, querido hijo, que no se puede vivir sin silencio familiar.

Hasta aquí llegan los relatos evangélicos, pero no termina aquí el silencio familiar en el hogar de Nazaret, querido Juan. Nos queda meternos en el silencio del taller y de la cocina donde cada uno trabaja para el bien de la familia y teniendo de fondo lo que más queremos, nuestro Hijo. Es lo mismo que viven tus padres, Juan. Tu madre y tu padre tienen sus trabajos. Lo hacen con amor, con entrega, con cariño porque así dan vida a una familia como la tuya y vosotros, tus hermanos y tú, vais creciendo en un ambiente de trabajo, silencio y oración. Cuando os veo en casa a todos cada uno haciendo lo que le corresponde me gozo porque veo que todos estáis unidos poniendo la mirada en Dios y dejándole hablar en el silencio que cada uno vive y que al mismo tiempo experimentáis como familia que camina hacia la unión con Dios en silencio familiar.

De ahí pasamos a la vida oculta, esos años donde Jesús empieza a trabajar conmigo en el taller y en silencio aprende un nuevo oficio. Ayuda también en las tareas de la casa y hace amigos. Todo queda en silencio. De eso nadie sabe nada. Solo hay un modo de conocer lo que ocurre entre los doce y los treinta años de Jesús en el hogar de Nazaret. Hacer silencio personal y familiar y dejar que ese silencio os lleve a esa pequeña casa donde os esperamos con alegría. NO todos son capaces de llegar porque no todos viven el silencio familiar. Solo las familias que introducen en su modo de vida familiar el silencio son las que tienen la dicha de poder adentrarse en el día a día de lo que pasa en mi taller, cómo hace la comida María, las aventuras de Jesús cuando crece y comienza a pasear buscando la soledad del campo entre viñas y rebaños... Todo eso y mucho más es lo que uno puede vivir si hace silencio, como tú, querido hijo, y como tus padres y hermanos.

Esto puede llegar a ser real, Juan, ayer mismo lo pudiste vivir en compañía de tus padres. Fuiste a rezar a una iglesia. Buscasteis el silencio en familia y el regalo fue el que acabo de describirte: la casa era de María, el santuario del Inmaculado Corazón de María; en el altar estaba mi Hijo esperándoos en la custodia y en la izquierda, en un altar, me escondía para veros rezar ante mi Hijo y ante mi Esposa que estaba en lo alto acogiendo todo lo que decíais en silencio a nuestro Hijo. Al final no os olvidáis de mí y rezáis conmigo. Pero todo en silencio, todo en familia, todo abierto a la providencia que quería mostraros que lo que te digo en esta carta es real cuando uno hace el camino interior de vivir el silencio familiar. Así es Dios, querido hijo, todo lo tiene preparado. Seguro que lo que viviste, oraste y compartiste ayer con tus padres quedará para siempre grabado en tu corazón de hijo que busca el silencio con sus padres. Es lo que tienes que seguir haciendo cada día, para eso me tienes, para que siempre que quieras hacer silencio te acuerdes de tu padre que no dice nada en público, pero sí en el silencio del corazón.

Llega la hora de despedirse. Te veo feliz con tus padres recorriendo calles y hablando de todo lo que ayer pasó en esa iglesia. El silencio os envuelve en algún momento y os llena de esa paz de saber que sin silencio no se puede vivir como familia abierta a Dios, para hacer lo que Dios quiere y no lo que una familia proyecta. Puede coincidir, pero si el silencio familiar muestra otros caminos a recorrer, como bien sabes cuando tengo que irme a Egipto con María y Jesús, hay que tomar esa opción. De lo contrario vendrán problemas y mi Hijo no podrá hacer la obra que tiene preparada para ti, tus padres y hermanos. Juan, cuando vuelvas el domingo de casa y te encuentres con esta carta, unirás todo lo vivido y darás un paso más en tu vida espiritual al empezar a tener más presente en tu vida el silencio familiar.

Te dejo, Juan, sigue siempre unido a tu familia en amor y silencio. No te olvides que soy el sostén de las familias. Te quiero mucho, tu padre,

San José

Silencio heroico

13-12-2023

Querido hijo, querido Juan:

Me doy cuenta de que lo que te dije al principio de esta serie de cartas que te escribo para ayudarte a vivir mejor el silencio en tu vida, no lo voy a cumplir del todo. Es más, llevamos pocas cartas y ya no he sido fiel a ese principio. En realidad, no es importante, pensaba que iba a ser mejor lo que te proponía, pero según pasan los días y quiero estar tan cerca de ti reconozco que no me voy a fijar en las noches para escribirte estas cartas. Siempre que pueda sí, porque es cuando duermes y me ayuda mucho tenerte al lado descansando con toda paz como cuando velaba el sueño de mi Hijo siendo Niño. El otro día te escribí a media mañana y ahora lo hago mientras haces los exámenes tan importantes para ti antes de que lleguen las vacaciones de Navidad.

Juan, ahora estás terminando el primero de los exámenes de esta mañana —Mecánica de fluidos—. Es la asignatura más difícil de la carrera. Dentro de poco te enfrentas a otro algo más fácil —Transferencia de calor—, pero no por ello deja de ser un momento de sumo esfuerzo y atención. Y sobre todo de callar, de hacer silencio interior que es lo que nos importa de manera especial a ti y a mí en estos momentos. Ese esfuerzo, cansancio y sufrimiento que llevas estos días y que sigue hasta que termines, te va a servir de mucho cuando llegues de clase y te encuentres con esta carta. Hoy vamos a hablar del silencio heroico, ese silencio que llega a su culmen en la Pasión de mi Hijo. Es algo clave en la vida espiritual, Juan. No se pueden pasar por alto las escenas de la Pasión de mi Hijo para crecer por dentro. Para unirte a Él y sacar todo el provecho que tiene pensado para ti y para todos aquellos que se dejan llenar del amor de Dios hecho carne que entrega su vida en la cruz para la salvación del mundo.

Es hora de entrar ya en el tema de modo directo, Juan. Como bien sabes y has leído más de una vez, la Pasión, Muerte y Resurrección de mi Hijo queda recogida en los cuatro evangelios. Es distinto a la infancia, que solo hablan de ella San Mateo y San Lucas. La Pasión es el centro del evangelio, todo lleva y tiene su culmen en ella, querido hijo. Bueno, en la Pasión y lo que viene después que es la Resurrección. De eso ya hablaremos en la siguiente carta. Por este motivo todos los evangelistas narran esos últimos momentos de la vida terrena de mi Hijo. Vamos ya a adentrarnos en la Pasión. No podemos ir a todos los evangelios. Me quedo con uno, mi preferido, ¿sabes cuál es? Ya te lo he dicho hace poco, ¿te acuerdas? Te lo repito porque no me canso nunca de decirlo y alegrarme por ello. ¡El de San Mateo!, porque es el que más habla de mi vida. Qué sería de mí si san Mateo no hubiera escrito esos dos capítulos iniciales de su evangelio…

Te recomiendo, querido hijo que al llegar a este párrafo cojas la Biblia que tienes en la estantería y busques el capítulo 26 de san Mateo. Todo lo que vamos a ver juntos lo tienes en los capítulos 26 y 27. ¡Empezamos! ¡Hagamos silencio para entender mejor la Pasión de mi Hijo! ¡Y al mismo tiempo apliquemos ese silencio a tu vida personal para bien de tu alma!

El inicio de todo, querido hijo, es la oración en Getsemaní, el Huerto de los Olivos. Ahí comienza todo y ahí tenemos que meternos, Juan, hacer silencio y escuchar en el silencio. Mi Hijo Jesús acaba de instituir la Eucaristía y va con sus discípulos a orar de noche. Ellos no tienen ni idea de lo que va a pasar, Él sí. Lo sabe muy bien. Se acercan los momentos más amargos de su vida terrena. Por eso quiere retirarse, hacer silencio y unirse a su Padre en el silencio:

> «Entonces Jesús fue con ellos a un huerto, llamado Getsemaní, y dijo a los discípulos: Sentaos aquí mientras voy allá a orar. Y llevándose a Pedro y a los dos hijos del Zebedeo [Santiago y Juan], empezó a sentir tristeza y angustia. Entonces les dijo: Mi alma está triste hasta la muerte, quedaos aquí y velad conmigo. Y adelantándose un poco cayó rostro en tierra y oraba diciendo: Padre mío, si es posible, que pase de mi este cáliz. Pero no se haga como yo quiero, sino como tú quieres. Y volvió a los discípulos y los encontró dormidos» (*Mateo* 26,36-40).

No sigo, el resto de la escena ya la conoces, Juan. Jesús vuelve otras dos veces y los encuentra dormidos también. Los despierta y les avisa que pronto va a ser entregado. Esas horas de silencio y de intimidad con el Padre es lo que llena de fuerza a mi Hijo para asumir lo que se avecina; la amarga, dolorosa y cruel Pasión. Los dos hablan de lo que viene y del fruto de esa entrega total que se va a realizar cuando entregue todo su ser al Padre y quedar en silencio al morir en la Cruz. Los dos se unen en el silencio que se rompe cuando Jesús va a ver sus más queridos discípulos. También por esas frases que mi Hijo dirige al Padre entre silencio y silencio… No se puede entender la vida de Jesús sin la oración en silencio la noche de Jueves Santo. En medio de la oscuridad de la noche todo se vive de otro modo cuando el silencio habla y acoge al mismo tiempo lo que sufre mi Hijo. Asume lo que se acerca, lo acepta y se prepara a ello en silencio.

Orar en silencio y con el corazón abierto como mi Hijo en esa noche, querido Juan, es algo que te va a dar muchas fuerzas.

Verte en la clase rodeado de tus compañeros, con los folios del examen delante y tú solo, aunque acompañado externamente por muchos estudiantes, es lo que me hace revivir esa soledad de Jesús mientras ora y sus amigos más íntimos duermen. Es el momento crucial de su vida y para ti es un examen parcial de la asignatura más difícil de la carrera. Hay que salvar las distancias, pero creo que ya me entiendes por dónde voy. Lo que has vivido hace poco te enfrenta a decir sí a mi Hijo de verdad. Es duro un examen como ese que has hecho y el otro también. Mirabas a tu alrededor, pero sabías que solo el silencio y la intimidad con mi Hijo es lo que te daba la paz verdadera para pasar por esa prueba. ¡Lo has conseguido! ¡Lo has superado! ¡Lo has hecho vida en tu ser! Has puesto todo en Dios y has sentido como hijo ese consuelo del Padre cuando uno está en un momento de mucha dificultad. Eso es crecer como verdadero hijo. ¡Cuánto te quiero, querido hijo...! Juan, me emocionaba verte ahí tan entregado para hacer lo mejor posible el examen… Nada se pierde. Todo tiene su fruto. Lo sabes bien.

Como te acabo de decir, la oración de Getsemaní es el inicio, allí Jesús es apresado y llevado hasta el Sanedrín:

> «Los que prendieron a Jesús lo condujeron a casa de Caifás, el sumo sacerdote, donde se había reunido los escribas y ancianos. […] El sumo sacerdote se puso en pie y le dijo: ¿No tienes nada que responder? ¿Qué son estos cargos que presentan contra ti? Pero Jesús callaba» (*Mateo* 26,57-63).

Esto es algo heroico, muy heroico, Juan. Uno no puede llegar a ser consciente de todo lo que tuvo que aguantar mi Hijo en esos momentos, y eso que todavía no habían empezado los castigos previos a la crucifixión. Verse ante las autoridades religiosas del momento y asaeteado por un sinfín de preguntas y testimonios falsos sobre su persona. Jesús, calla. No responde a nada. Aguanta todo lo que escucha. Sabe que forma parte de aquello para lo que se ha hecho carne y lo asume. Solo habla cuando la pregunta del sumo sacerdote le sirve para mostrarse como lo que es, como el Mesías, el Hijo de Dios. Cuando Caifás le pregunta si es el Mesías, el Hijo de Dios, entonces llega la respuesta que calla a todos menos al sumo sacerdote: «Tú lo has dicho. Más aún, yo os digo: veréis al Hijo del hombre sentado a la derecha de Dios y que viene sobre las nubes del cielo» (*Mateo* 26,64). Acto seguido todos se unen a Caifás y contestan que es reo de muerte. La sentencia está dictada, Juan. El silencio que da paso a la afirmación de Jesús como verdadero Hijo de Dios es lo que le lleva a la muerte. Es la causa de su condena. Sin ese silencio previo no se puede llegar a la proclamación del Hijo de Dios. El Hijo de Dios es el que calla y acoge lo que la humanidad piensa sobre Él. Es duro, es incomprensible a los ojos de los hombres, pero no para el Padre. ¡Esto es el silencio heroico, Juan! Por eso Jesús calla y solo habla para decir quién es.

Preso y callado… Así vive Jesús esos momentos. Juan, ¿no te sentías así mientras hacías el examen? Preso y callado ante las preguntas antes de responder. Son cuestiones que has de pensar bien para no caer en el error y ser condenado al suspenso. Juan, tú callas y cuando hay que hablar hablas, antes no. Ahora me refiero a tu actitud como hijo de Dios. Lo mismo que Jesús. Es una señal muy buena de lo que estás viviendo, querido hijo.

Ahora, Juan, pasamos de un juicio a otro, de Caifás, a Pilato, de Mecánica de fluidos a Transferencia de calor:

> «Jesús fue llevado ante el gobernador, y el gobernador le preguntó: ¿Eres tú el rey de los judíos? Jesús respondió: Tú lo dices. Y mientras lo acusaban los sumos sacerdotes y los ancianos no contestaba nada. Entonces Pilato le preguntó: ¿No oyes cuántos cargos presentan contra ti? Como no contestaba a ninguna pregunta, el gobernador estaba muy extrañado» (*Mateo* 27,11-14).

Ahora, Juan, cambia mucho la situación, pero el silencio es el mismo, ¡heroico! Jesús calla cuando sabe que si contesta bien puede librarse de la muerte y de todo lo que le antecede. Ha dicho que sí al Padre y no va a hablar. Tiene todo dicho desde Getsemaní. Solo dice que es el rey de los judíos. No responde a nada ni a nadie más. Callar en momentos así no es posible si uno no tiene la unión plena con el Padre. Es fruto de ese silencio previo en oración en el Huerto de los Olivos. Una cosa lleva a la otra. Todo tiene su sentido. Todos se extrañan mientras mi Hijo calla y vive en silencio heroico. Su vocación le lleva a darlo todo desde este modo de silencio que nadie entiende sino vive en intimidad divina.

Al final llega el sufrimiento físico atroz... Después de soltar a Barrabás, «a Jesús, después de azotarlo, lo entregó para que lo crucificaran. Entonces los soldados se llevaron a Jesús al pretorio, lo desnudaron y le pusieron un manto de púrpura y trenzando una corona de espinas se la ciñeron a la cabeza y le pusieron una caña en la mano...» (*Mateo* 27,26-29).

No puedo con esto, Juan. No sé cómo un ser humano puede ser capaz de hacer todo esto a un hombre que no puede hacer nada más que callar. Es un preso condenado a muerte. Peor aún, es tratado como un animal, a golpes, a latigazos, coronado de espinas... Les da igual todo... Lo desnudan, lo tratan sin piedad... Lo humillan hasta lo más íntimo de su ser... Y Jesús calla. Calla y lo acepta todo. «Se deja maltratar en tierra ajena» como diría san Juan de la Cruz. No puedo con esta escena, querido hijo. Tú tampoco, lo sé. Nadie puede entender esto si no es el mismo Dios que quiere que todos sus hijos un día estén unidos en el cielo para darle la gloria sólo a Él. El silencio heroico cada vez es más heroico. Pasan de los golpes verbales a los físicos. ¡Y qué golpes...! ¡Y qué silencio! El silencio que te hace ver que todo lo que viene de Dios es para bien, aunque sea el mayor sufrimiento del mundo. Jesús, mi Hijo, lo muestra en la flagelación. Calla para revelar a todos que lo más grande que una persona puede conocer en su vida es el amor de Dios, que es capaz de todo, mucho más que lo que pueda hacer el héroe más grande de este mundo. Nada comparable con mi Hijo Jesús. El silencio heroico de Jesús en esas horas de la mañana de Viernes Santo es para callar y dejar que el corazón se llene de amor y fuerza para aceptar todo lo que venga de la mano del Padre.

Es terrible, Juan, terrible... Un padre no puede con esto... Ahora entenderás mejor por qué no estoy en la Pasión de Jesús. He sido llamado a la otra vida antes de llegar este momento. No hubiera soportado ver todo esto. María sí, es mujer y madre, y la naturaleza de una mujer puede con todo. El amor de madre es diferente al de padre. Pero no nos vayamos de tema, sigamos que ahora hay que llegar hasta el Calvario y seguir viendo cómo el silencio heroico crece por el camino de la amargura y en lo alto de la cruz cuando todos le injurian, le comprometen y Él calla. No habla. Calla ante todo lo que oye desde la cruz y mientras lo clavan a la cruz. Ahí está María. Al pie de la cruz. Únete a ella y aprende de ella a vivir el silencio heroico tan de cerca.

Reza y medita mucho este momento de silencio heroico sobrenatural... Y no solo esto, querido hijo, sino ve más allá. Nunca dejes que hablen mal de mi Hijo, defiende la fe que deja el apóstol Santiago cuando visita tu patria, vive el silencio heroico, pero no calles cuando la palabra tenga que mostrar quién es el Hijo de Dios. Juan, sé que todo esto lo vives y te da fuerza. Es vivir el silencio heroico. Saber callar y unirte a Dios en su Pasión para tener toda la fuerza que solo Dios concede a los que de verdad viven este silencio heroico.

Me queda por contarte un detalle. Juan, mi Hijo en la cruz tampoco habla, hace silencio. San Mateo nos ayuda en este sentido porque solo recoge una de las siete palabras, nos ayuda a vivir la Pasión en silencio. El resto de los evangelistas ponen en boca de Jesús alguna de sus últimas palabras entre silencio y silencio. Pero san Mateo se queda con una. ¿Y sabes cuál es? La que muestra mejor el silencio heroico. La que nos mete en el silencio de Dios Padre ante el silencio heroico de su Hijo amado. Se unen los dos silencios. El del Padre y el del Hijo:

> «A la hora nona [3 de la tarde] Jesús gritó con voz potente: "Elí, Elí, lemá sabaqtaní" (es decir: Dios mío, Dios mío, ¿por qué me has abandonado?» (Mateo 27,46).

Con estas palabras nos introducimos en lo que se inicia en el Huerto de los Olivos. ¿Has caído en la cuenta, querido hijo? Jesús calla, ora, vive el silencio heroico, pero llega un momento que no puede callar y pide palabra a su Padre. El Padre calla y acoge el silencio heroico para mostrar que todo está en sus manos, hasta la vida del Hijo que se ha hecho carne para mostrar el camino hacia el Padre. Un camino que sin silencio interior no se puede recorrer. Y si además se quiere experimentar a fondo, hay que dar el paso a vivir no solo un silencio interior profundo, sino lo más sublime, el silencio heroico. Este tipo de silencio rompe todos los esquemas, muestra a las claras que todo queda en Dios y que todo es para Dios. Así es el silencio heroico, querido hijo.

Jesús muere, todo calla, queda la esperanza, la gloria de la Resurrección. Ahora métete en el silencio, Juan. Silencio heroico de callar ante tanta injusticia para que al final todo cambie y se muestren los planes del Padre, la vida eterna donde el silencio se transforma en alabanza eterna. Esto es lo que vivirás al llegar a casa por Navidad. Primero callar, estudiar y ofrecer estar lejos de casa para luego celebrar en familia y con los amigos todo lo que supone el Nacimiento de Jesús. Como lo que has sufrido esta mañana con el examen y lo que has gozado por la tarde al visitar a mi Hijo en esa iglesia donde siempre te espera para ser alabado, adorado y amado por ti y por todos los que allí pasan.

Termino, pero te pongo deberes. Lo que he hecho contigo ahora, tienes que continuarlo tú solo con el resto de los evangelios. Ahora no es el momento más adecuado. Estamos en Adviento, pero cuando llegue la cuaresma sería algo muy provechoso para tu vida espiritual. Leer los relatos de la Pasión de San Marcos, San Lucas y San Juan y buscar los momentos de silencio heroico para unirlos a los que ya conoces por San Mateo. ¿Quieres? ¿Te gusta la propuesta? ¿Lo ves con sentido? Pues ya sabes, Juan, ahí tienes tarea.

Me despido de ti, Juan, aquí queda esta carta para cuando llegues de clase y la leas, una vez hechos los exámenes de esta mañana. Te dará mucha paz y, al mismo tiempo, te lanza a amar más a mi Hijo, al Hijo del que ahora te escribe, tu padre que tanto te quiere y conoce,

San José

Silencio abrumador

19-12-2023

Querido hijo, querido Juan:

Vuelvo a escribirte de noche, es lo que más me gusta como buen padre que no se cansa de ver a su hijo descansando al terminar el día. Hace poco que te has ido a dormir. Y lo has hecho de modo muy diferente a la semana pasada y mucho antes. ¡Estás en casa, Juan! Has vuelto a casa por Navidad. Quedan días todavía para la fiesta del Nacimiento de Jesús, pero esta semana al no tener clase has aprovechado a venir con tu familia cuanto antes. Tu hermano Alberto sigue en la universidad y Ángel, el pequeño, también va al colegio estos días. Tienes ese privilegio de poder descansar ante el cansancio y agobio que has vivido la semana pasada con los exámenes. Todo tiene su fruto, querido hijo. Dormir en casa no es lo mismo que en la habitación de una residencia universitaria. No tiene nada que ver. Te veo dormir de otro modo. ¡Estás en la cama que has tenido desde niño en tu habitación! Todo te ayuda a tener más paz y alegría y dormir mucho mejor cerca de tus padres y hermano pequeño. Vivir en familia es algo muy especial. Bueno de eso no vamos a hablar porque ya lo hemos tratado hace poco en otra carta.

Lo que me ha sorprendido de este día, aunque ya me lo esperaba, es que has ido a acompañar esta mañana a María, mi Esposa en el día de su fiesta, la Virgen de la Esperanza. Misa y procesión solemne para honrar a la patrona de tu ciudad. Nunca lo has podido hacer al no suspenderse las clases del colegio ni ser fiesta a nivel civil en la ciudad. Providencialmente has podido estar hoy en tu ciudad y ser testigo de lo que supone poner la mirada en esa Madre que cuida a todos sus hijos a lo largo del año desde la iglesia donde siempre espera la visita de sus hijos. Alguna vez has ido a rezarle, pero lo de hoy ha sido muy especial. Te has quedado abrumado al ver su casa llena hasta la bandera como decís por tu tierra. Hasta que no se vive en directo no se puede entender bien el amor que despierta una Madre en el día de su fiesta, a pesar de que muchos que quieren asistir no pueden al tener que trabajar. Eso que has vivido en medio del bullicio de la procesión y la celebración de la misa es lo que va a centrar el tema de hoy. Juan, esta noche quiero hablarte del silencio abrumador. Te has quedado mudo ante lo que has visto y oído. Algo parecido, pero a un nivel mucho más intenso y profundo es lo que viven los apóstoles ante las apariciones de Jesús resucitado. Es lo mismo, pero en grado sumo. Los apóstoles viven el silencio y prolongan el silencio. Tú, sin embargo, querido hijo, en medio del barullo, has experimentado por dentro un silencio abrumador al ser testigo directo de tanto amor a mi querida María de la Esperanza.

Mira, Juan, el silencio abrumador es el que te hace callar quieras o no. Lo que vives provoca una respuesta de silencio total que te sobrepasa. Solo así se puede entrar en la grandeza de lo que se vive. Puede ser por muchos motivos. Ahora me quiero fijar en los apóstoles cuando acuden al sepulcro y lo encentran vacío, o cuando se les aparece y come con ellos tras una pesca que no entraba en sus planes. Así es mi Jesús, aparece de repente y te cambia la vida, te hace ver la verdad para que te des cuenta de que todo depende de Él y sin Él no se puede hacer nada. Juan, ¿qué sería de nuestra vida sin el testimonio de los apóstoles que ven el sepulcro vacío o a Jesús junto a la orilla del lago después de ser crucificado?

¿Ves por dónde voy, Juan? Entrar en lo que viven por dentro los discípulos más queridos de mi Hijo te ayudará al mismo tiempo a ser un seguidor fiel de Jesús y a gustar y querer experimentar el silencio abrumador. Para que no digas que solo quiero el evangelio de san Mateo, en esta carta tomamos como fondo el evangelio de san Juan. Y dentro de las apariciones que recoge este evangelista, nos quedamos con las que te acabo de comentar. Juan, te digo lo mismo que en la carta anterior, cuando leas esta carta toma una biblia. Ahora, en vez de buscar el evangelio de san Mateo, veta al de san Juan. Casi al final te encuentras con algo sublime, ¡el sepulcro vacío!:

> «Llegó también Simón Pedro detrás de él y entró en el sepulcro: vio los lienzos tendidos y el sudario con que le habían cubierto la cabeza, no con los lienzos, sino enrollado en un sitio aparte. Entonces entró también el otro discípulo, el que había llegado primero al sepulcro; vio y creyó» (*Juan* 20,4-8).

Solo falta Santiago para estar los tres amigos más íntimos. Es una escena que abre a una nueva vida ante el hecho histórico que fundamenta nuestra fe: el sepulcro vacío. Juan, el sepulcro vacío es signo claro de la resurrección de Jesús. Ahora, dicho así, en pleno siglo XXI es algo que está asumido, pero ponte en el lugar de san Pedro y san Juan. El cuerpo de su querido amigo y maestro no está en el sepulcro. ¿Dónde se encuentra? ¿Por qué no está donde se había depositado con tanto primor? ¿Cómo hay que entender este hecho tan desconcertante? Estas y otras preguntas hoy pueden responderse con mucha paz y sin reparo alguno. Pero debes tener en cuenta que han pasado muchos siglos, los que han visto a mi Hijo, han comido y recorrido muchos caminos con Él y al final lo ven clavado en una cruz no se explican de ningún modo que su cuerpo no se encuentre en el sepulcro. Es el inicio de la fe en la resurrección de la que ya les había hablado mi Hijo en varias ocasiones. Una cosa es oír hablar de la resurrección y otra muy distinta ver un signo claro y patente de la resurrección. Todo esto, querido hijo, lo viven en pleno silencio abrumador. Están sobrepasados, admirados, alterados… ¡abrumados!

Juan, ese ver y creer de san Juan y san Pedro nace del silencio abrumador que los envuelve y penetra hasta lo más hondo de su corazón. Todo el amor que habían mostrado a su Maestro ahora queda transformado en silencio. No hablan. No comentan nada. No elucubran. Callan. Ven. Creen. ¡Y todo esto, querido hijo, gracias al silencio! Sin silencio interior abrumador no podrían haber llegado a la plenitud de la fe en Cristo Jesús. ¿Te das cuenta? ¿Lo ves? ¿Llegas bien hasta el fondo? Lo mejor es que te pongas en su lugar y será mucho más fácil y directo llegar a saborear este silencio abrumador. Callan porque lo que ven no es algo normal. Dejan que el silencio le hable al corazón y… cuando llega el momento de Dios, entienden todo: ¡Jesús ha resucitado! ¡Está vivo! ¡Comienza una vida nueva! Y esto, querido hijo, es solo el principio del silencio abrumador. A esto siguen las apariciones que son consecuencia directa del sepulcro vacío que ha dejado así el mismo Dios para consumar su obra y mostrar a todos que sin silencio no se puede hacer nada.

A los pocos días de este acontecimiento que no pueden olvidar, se suma otro que los desconcierta más aún al ver al mismo Jesús comer con ellos y mostrar así, que vive de verdad y ha vencido a la muerte. Atento a lo que viene ahora, Juan:

> «Jesús les dice: Vamos, almorzad. Ninguno de los discípulos se atrevía a preguntarle quién era, porque sabían bien que era el Señor. Jesús se acerca, toma el pan y se lo da, y lo mismo el pescado» (*Juan* 21,12-13).

Ahora no solo San Pedro y San Juan quedan abrumados, sino que el grupo de los apóstoles que ha sido testigo directo de esa pesca que no esperaban, se dan cuentan que están ante el mismo Jesús con el que tantas veces han ido a pescar, a comer, a pasear, a hablar a otros del Reino de los cielos. Todos callan, Juan. Nadie tiene la osadía de hablar porque saben ante quién se encuentran. El silencio abrumador los rodea a todos. Este silencio le sirve a Jesús para cambiar la vida de los que más quiere. En esa bruma espiritual quedan envueltos por pura gracia divina… ¿Quieres escuchar de viva voz cómo Cristo resucitado te hace callar para empezar a vivir el silencio abrumador…?

No termina aquí la historia, ya sabes que después de comer llega la hora de un interrogatorio personalizado dirigido a Pedro. Antes sería bueno que recorras esa escena para seguir creciendo en el silencio abrumador que tuvo que dominar aquella comida de Pascua. De esto no dice nada el evangelista. Tuvo que ser una comida muy distinta. Hablarían, callarían, se mirarían, se preguntarían si estaban soñando o no, dejarían hablar a Jesús, lo escucharían con suma atención… Métete entre ellos. Y en oración únete al momento sublime de silencio abrumador. Es una propuesta que te va a ayudar mucho, Juan. Ahora vamos a lo que te decía antes de este paréntesis, a ese diálogo de mi Hijo Jesús con san Pedro. Lo resumo un poco porque lo que quiero subrayar es el final:

> «Por tercera vez le pregunta: Simón, hijo de Juan, ¿me quieres? Se entristeció Pedro de que le preguntara por tercera vez: ¿Me quieres? y le contestó: Señor, tú conoces todo, tú sabes que te quiero» (*Juan* 21,17).

Atento a un detalle que quizá nunca has tenido en cuenta, Juan. Al terminar este interrogatorio por el cual se da por restaurado ese momento de las negaciones de san Pedro a Jesús cuando comienza la Pasión, hay un momento de silencio abrumador que pasa muy desapercibido. San Pedro se queda triste cuando descubre que las tres preguntas son el modo de recordar esas tres negaciones cuando Jesús está preso y va de juicio en juicio. Ese ponerse triste Pedro va unido a un momento de silencio. Le tuvo que costar mucho responder por tercera vez que quería mucho a mi Hijo. Es un matiz muy sutil, pero que ayuda a leer y orar de otro modo este pasaje del evangelio. Tristeza. Silencio. Respuesta. En este orden tienes que ir recorriendo la escena de san Pedro ante Jesús resucitado. La tristeza de reconocer que lo ha negado. El silencio abrumador por lo que vive en esos momentos delante de todos sus amigos y compañeros de faenas. La respuesta del que comienza a ser la piedra sobre la que construye la Iglesia. El silencio abrumador queda en medio de la tristeza y la respuesta. Solo el silencio abrumador abre la puerta de la boca de san Pedro que no sabe por dónde salir en este diálogo tan intenso. Silencio abrumador que da más fuerza si cabe a lo que los ojos ven y los oídos oyen. Es el paso de Dios, en silencio, favoreciendo que todo sea abrumador para bien del que da un paso más en su vida espiritual.

Pero hay que ir más allá, Juan. En esta escena de silencio abrumador no está san Pedro solo, sino que se encuentra rodeado de los que son la esencia de su vida día a día. Ya hemos dicho que todos callan en silencio abrumador cuando Jesús les habla directamente al corazón. Ese silencio de conjunto ayuda en gran medida a que el autor de este relato viva también muy dentro de sí este silencio abrumador. Ahora cambia el que calla envuelto en bruma. Es san Juan, el que da vida a este momento. Sin silencio abrumador san Juan no puede escribir estas líneas. San Juan es testigo y evangelista. Hace silencio interior y vive silencio abrumador. Cada vez más este silencio nos ayuda a unirnos mejor a Cristo vivo que nos acompaña en este caminar hacia los más íntimo de nuestro ser. Es más, san Juan escribe en silencio abrumador. Lo vive y escribe desde este silencio que transforma su más profundo centro. El silencio vivido en aquel momento le hace vibrar por dentro cuando pone por escrito esta vivencia sin par. Un silencio lleva a otro silencio. Silencio al vivir el encuentro. Silencio al recordar dicho encuentro. Silencio para poner por escrito ese encuentro. Juan no participa del diálogo, ni ninguno de los demás apóstoles. Todos miran, callan y quedan abrumados. Eso tampoco queda recogido en el texto evangélico. No se lee, pero se intuye. Todo se centra en ese diálogo provocado por el silencio abrumador de todos los presentes. Cuando mi Hijo rompe ese silencio llegamos a esta maravilla. Así, en silencio, es como san Juan es capaz de dejar inmortalizado este hecho crucial para la vida de todos los apóstoles y para todos los católicos que han venido después y hacen silencio para entrar mejor en esta escena.

Quiero dar un paso más en torno a este silencio abrumador, Juan. Es diverso en la vivencia, pero el mismo en la esencia. Me explico: Pedro vive el silencio abrumador ante las preguntas de Jesús y Juan como testigo y autor del relato. ¿Lo ves así, Juan? Es la grandeza del silencio, que te abre a una vida más intensa porque se puede vivir de diversos modos según uno viva un hecho concreto. Es lo que tienes que hacer a partir de ahora, Juan. Todo lo que te he dicho en esta carta es para animarte a vivir con gozo el silencio abrumador cuando lleguen momentos claves en tu vida. Al quedar sobrecogido por algo que no te esperas, como les pasa a los apóstoles en este caso, no hay más respuesta que el silencio. Y no cualquier silencio, sino un silencio abrumador que te envuelve por dentro y por fuera para mostrarte a las claras que Dios está muy dentro de tu corazón con lo que experimentas.

Vamos a poner un ejemplo para que lo entiendas mejor. Juan, ¿te acuerdas de ese día en que te consagraste al que ahora te escribe estas líneas? ¡Vuelve a ese momento, Juan! Esa iglesia tan espectacular, esa imagen de san José que solo le falta hablar, esa emoción que te llena por dentro, ese silencio que te ayuda a dar un paso importante en tu vida, esa misa que completa lo que haces, esa bruma que te envuelve y aísla de la gente que recorre o reza junto a ti en la iglesia... Querido hijo, revive con pasión todo esto. ¿Qué es lo que queda en tu corazón? ¿No es un silencio abrumador de algo que querías vivir en plenitud y que nunca te habías planteado hasta que alguien empieza a hablarte de san José y tras más de un año conociendo mi corazón te invita a consagrarte a mí? ¿Cómo defines aquel silencio que vives mientras tu cuerpo, tu mente, tu corazón y todo tu ser están centrados en realizar algo que nadie ve pero que cambia tu vida por completo y da muchos frutos? ¿Era dicho silencio un silencio abrumador?

¿A qué ahora hay más luz en tu corazón, querido hijo? El silencio abrumador de aquel momento resurge en tu interior al recordarlo después de todo lo que te he dicho en esta carta. Es algo muy importante. Aplica a los momentos abrumadores de tu vida este silencio. Todo será gozo y alegría plena al darte cuenta de que son pasos de Dios por tu vida exterior para que des un paso más en tu vida interior. Ese es el silencio abrumador, el que por fuera te envuelve y por dentro te mueve a dejar que Dios se manifieste de un modo muy directo.

Haz esto siempre, Juan. Y hazlo también cuando leas la Biblia. Verás como la lees, entiendes y rezas mucho mejor si tomas este hilo conductor. Podríamos seguir con los otros evangelios, pero no entro en ellos. Juan, esto te lo dejo como tarea. ¿Te acuerdas de lo que te puse como deberes en la carta anterior? Pues ahora lo mismo. Es la mejor manera de aprender a descubrir todo lo que se puede decir cuando uno vive en silencio abrumador. Son momentos muy especiales en la vida de toda persona. Tú también los has tenido y, lo que es más aún, te quedan muchos momentos de silencio abrumador por vivir. La Providencia, querido hijo, no se cansa nunca de sorprendernos. Sin ir más lejos, el evangelio de ayer te muestra con gran detalle ese silencio abrumador que vivo en mi primer sueño donde un ángel me hace ver mi vocación de padre de Jesús y esposo de María (*Mateo* 1,18-24). No entiendo nada, todo queda en silencio abrumador que me ayuda a levantarme de otro modo tras un sueño que marca el inicio de una nueva vida para mí, para ese joven de veinte años que al despertar del sueño hace lo que manda el ángel y se lleva a María a casa.

Juan, espero que con lo aquí escrito hayas podido entrar en el conocimiento de otro tipo de silencio. Ve sumando uno a uno y todo será luz para tu corazón de joven que busca a mi Hijo, y que se deja sorprender por esas cartas que, cada miércoles y 19 de mes, van apareciendo en tu mesa de trabajo cuando te despiertas después de toda una noche de descanso o cuando vuelves de alguna actividad importante realizada fuera de tu habitación. Juan, hijo, te quiero mucho, descansa bien estos días en casa con tu familia y tus amigos, y prepárate lo mejor que puedas para todo lo que mi Hijo te quiera regalar en el año que pronto va a comenzar. Sigue por este camino de silencio y no te alejes nunca de tu padre

San José

Silencio místico

20-12-2023

Querido hijo, querido Juan:

Hoy es todo muy distinto, llueve un poco cuando te has ido a ver a tu tío abuelo sacerdote. Siempre que vienes a casa vas a visitarlo. Os queréis mucho. No sé quién disfruta más si el tío contando historias de sus años de infancia o recién ordenado sacerdote o tú, escuchándole primero y después detallándole lo que vives en tu nueva vida como universitario. Es algo que os enriquece a los dos en gran manera y, lo más importante, en el centro de esos diálogos se encuentra siempre mi Hijo, el que va a nacer enseguida, Jesús.

Estoy en tu habitación, al ser de día y estar la casa vacía es un momento ideal para ponerme a escribir otra vez. Esta semana dos cartas seguidas, la de ayer por ser diecinueve de mes y hoy por ser miércoles. Así seguiré hasta que llegue un día muy especial. Ya lo verás, Juan. Hoy quiero hablarte del silencio místico. Ese silencio que nace del encuentro directo con mi Hijo en el silencio. El silencio que ayuda a entrar en la cercanía espiritual con Dios hasta llegar a la unión plena con Él. Has oído hablar de muchos místicos como san Juan de la Cruz, santa Teresa de Jesús, san Juan de la Ávila, san Ignacio de Loyola, el beato Juan de Palafox, la venerable sor María de

Jesús de Ágreda... Todos ellos con su vida y escritos nos muestran un camino directo para la unión con Dios. Pero antes de estos grandes santos y escritores hay otros menos conocidos y tratados, los Padres de la Iglesia. Son también santos, bueno no todos están canonizados, como pasa con los que místicos de siglos posteriores, pero tienen en común una característica que los diferencia de los que te acabo de citar: son los primeros santos de la Iglesia. Me explico, Juan. Al morir los apóstoles, sus discípulos continúan la labor que han recibido de sus maestros y son los que transmiten la herencia a la siguiente generación. Los primeros son los Padres apostólicos. Después llegan los Padres de la Iglesia. Los apostólicos también se incluyen como Padres de la Iglesia, pero has de tener en cuenta esa distinción y privilegio. Hablamos de los siglos II al VII, por tanto, son los primeros santos de la historia de la Iglesia.

Mira, hijo, estos grandes santos son los que dan cuerpo a la Teología y a la vida de oración en la Iglesia. Son aquellos que reciben las Sagradas Escrituras y todas las enseñanzas de los apóstoles de viva voz o por aquellos que han convivido con ellos. Con sus escritos fundamentan la fe de la Iglesia. Pero hay un detalle muy importante, son los primeros místicos, Juan. Sí, estos santos son los que nos dejan por escrito las primeras obras espirituales que nos meten de lleno en el amor de Dios. Si quieres saber más busca por Internet que encontrarás mucho material. Te recomiendo las catequesis de Benedicto XVI sobre ellos. Ahí descubrirás a san Clemente romano, san Ignacio de Antioquía, san Cipriano, san Cirilo de Jerusalén, san Basilio, san Ambrosio, san Jerónimo, san Agustín...

Unos escriben en griego y otros en latín. Entre los de lengua griega sobresale entre todos san Juan Crisóstomo, un santo obispo de Constantinopla que nace en Antioquía hacia el año 349. Es desterrado en dos ocasiones por mantenerse firme en la fe de la Iglesia. Su apelativo, Crisóstomo, que traducido quiere decir «boca de oro», lo dice todo sobre su persona. De las numerosas obras que nos deja, lo más valorado y ensalzado son sus *Homilías sobre el evangelio de San Mateo*. ¡Otra vez san Mateo! Juan, ahora no soy yo el que lo trae al recuerdo, sino este gran santo que tanto te va a ayudar a leer el evangelio de otro modo mucho más vivencial y provechoso. Nada menos que noventa homilías dedicadas a desentrañar con suma delicadeza y maestría al mismo tiempo lo narrado en este evangelio. Las predica entre los años 390 y 398 en Antioquía.

Para que veas que no exagero y que de verdad dichas homilías son algo fuera de serie, te recuerdo un diálogo del gran maestro dominico santo Tomás de Aquino con algunos compañeros cuando van de camino a París:

> «—¿Qué había yo de hacer con ella? —se pregunta Tomás.
>
> —Podrías venderla al rey de Francia y con el precio, construir magníficos conventos de la orden —responde un compañero.
>
> —A decir verdad, yo más quisiera tener las Homilías de San Juan Crisóstomo sobre San Mateo —concluye Tomás seriamente».

Y no queda solo ahí, Juan, sino que uno de los mayores especialistas en los Padres de la Iglesia, Berthold Altaner, llega a decir que la exactitud exegética que en ellas campea, es superior a la del mismo san Agustín.

La homilía diecinueve expone con todo detalle los dieciséis primeros versículos del capítulo sexto, donde Jesús explica cómo ha de hacerse la limosna y la oración. Cuando trata la oración nos presenta un verdadero compendio de lo que es la oración y cómo debe vivir uno la oración: hipocresía contra la oración; orar con recogimiento y recta intención; orar en silencio; palabrería en la oración; diferencia entre charlatanería y perseverancia en la oración. La parte final es preciosa, la tienes que leer con mucha calma y atención, ¡es un comentario breve y personal al Padrenuestro! Vamos a ver qué dice en el punto tres de esta homilía:

> «No hagamos oración con gestos de nuestro cuerpo ni con gritos de la voz, sino con fervor de nuestra alma; no la hagamos con ruido y alboroto, ni por ostentación, hasta el punto de molestar a nuestros vecinos, sino con toda modestia, con contrición de espíritu y con lágrimas del corazón.
>
> ¿Es que sientes dolor en tu alma y no puedes menos de romper en gritos? Antes bien, propio es de quien siente dolor vehemente orar y suplicar a Dios del modo que yo te digo. Dolor sentía Moisés, y así oraba y fue escuchado. De ahí que le dijera Dios: ¿Por qué gritas a mí? Y Ana, a su vez, orando sin que se percibiese su voz, alcanzó cuanto quiso, porque era su corazón el que gritaba. Abel, no sólo callando, sino aun muriendo, oraba, y su sangre emitía una voz más clara que una trompeta. Gime, pues, también tú como aquel santo; no te lo prohíbo. Rasga, como manda el profeta, tu corazón y no tus vestidos. Llama a Dios desde lo profundo: Desde lo profundo, dice el salmista, grito a ti, Señor. Saca de allá abajo, de tu corazón, tu voz y haz un secreto de tu oración.
>
> ¿No veis cómo en los palacios reales se evita todo alboroto y reina por todas partes profundo silencio? Tú, pues, que entras en un palacio, no de la tierra, sino del cielo, que ha de inspirarte mayor reverencia, pórtate allí con la mayor decencia. A la verdad, entras en el coro de los ángeles, eres compañero de los arcángeles y cantas juntamente con los serafines. Ahora bien, todas estas muchedumbres guardan el mayor orden al entonar a Dios, rey del universo, con toda reverencia, aquel misterioso cántico y aquellos himnos sagrados. Mézclate, pues, con ellos en tu oración y emula aquel su misterioso orden. No haces, en efecto, tu oración a los hombres, sino a Dios; a Dios que está presente en todas partes, que te oye antes de que abras tu boca, que sabe los secretos todos de tu corazón. Si así orares, recibirás una grande recompensa. Porque tu Padre, dice el Señor, que ve en lo escondido, te pagará en lo manifiesto. No dijo: Te gratificará, sino: Te pagará. Dios quiso hacerse

deudor tuyo, y grande fue la honra que en esto te concedió. Y es que, como Él es invisible, invisible quiere también que sea tu oración» (*Homilías sobre San Mateo*, Homilía 19,3).

Silencio, silencio místico. Los místicos de los siglos XVI-XVII escriben mucho de oración, pero la base la tienes aquí, querido hijo, este silencio místico originario que brota del Evangelio. Sin base de la Biblia no puede haber nada de profundidad en el corazón que busca a Dios. Los otros místicos tienen estos textos, pero los Padres de la Iglesia son los que empiezan a vivir el silencio místico cara a cara con la Escritura y con el silencio. ¿Entiendes la diferencia, Juan? Lo más importante es que te metas de lleno en este silencio, busca a Dios en el silencio y escúchale. Ese es el verdadero silencio místico. No encuentro mejor ayuda para esto que el texto que acabo de copiarte. San Juan Crisóstomo va a ser tu guía para introducirte en el silencio místico: Evangelio. Silencio. Escucha. Amor...

Juan, este texto que acabo de copiarte aquí lo tienes que leer muy despacio. Luego tienes que interiorizarlo. Después te callas y dejas que mi Hijo te hable en el silencio. Entonces es cuando empezarás a experimentar la grandeza del silencio místico, el que ya conoces por otros santos, pero que no eras consciente de esa diferencia entre los primeros místicos y los que han venido después y que hoy día siguen existiendo y obrando auténticas maravillas espirituales al dejar hablar al silencio dentro de su corazón y poner por escrito el fruto de esos coloquios privados con mi Hijo, con mi Esposa, con otros santos, con los ángeles, y alguno también con el que ahora te escribe. No quería decirlo, pero no puedo negar que muchos místicos han encontrado en tu Padre y Padre suyo una fuente de vida espiritual y han crecido mucho al vivir el silencio místico de mi mano. Eso lo sabes bien porque también empiezas a vivirlo así, querido hijo.

Me pongo a escribir y no me centro, me voy por las ramas y tenemos que ir al precioso fruto del silencio místico, pero todo es para tu bien, Juan. Vamos a centrarnos en una frase del texto anterior. Hay muchas para escoger. Te propongo una para que luego, a tu ritmo, vayas haciendo lo mismo con todas las que quieras y así tu vida espiritual cobre fuerza y brillo. La frase es esta, Juan: «Llama a Dios desde lo profundo. Saca de allá abajo, de tu corazón, tu voz y haz un secreto de tu oración». ¿Qué me dices, Juan? ¿Te das cuenta de la grandeza del silencio místico que te presenta san Juan Crisóstomo? ¿Cuándo vas a empezar a leer y hacer oración con estas homilías tan llenas de vida espiritual? Y ahora te dejo a ti solo, comienza los deberes. ¿Qué brota de tu corazón, de lo más secreto de ti, de la esencia de tu persona cuando te diriges a Dios en puro silencio? Es una pista para empezar. Ahora quiero que sigas, que abras tu corazón a mi Hijo y le digas todo lo que supone dejarse llenar de silencio, y en ese silencio hallar el amor de un Dios hecho carne que se da del todo para enseñarte a darte del todo. Seguro que me entiendes; pues ponte manos a la obra. No esperes mucho, aprovecha algún rato de este tiempo de vacaciones de Navidad para hacer estos deberes que te pone tu padre para bien de tu alma y de tu vida espiritual.

Ahora seguimos, Juan. No podemos quedarnos en san Juan Crisóstomo y pasar a otro tipo de silencio sin conocer más detalles sobre esto que hablamos hoy. Estos Padres de la Iglesia que escriben en griego tienen escritos preciosos para introducirse en este silencio místico, Juan. Ahí te los dejo para que vayas buscando textos que conformen tu vida espiritual al modo que quiero para ti. Juan, no me avergüenzo de decirlo, sino todo lo contario, estoy muy orgulloso de ti, eres un buen hijo de san José que busca en el silencio místico la unión con mi Hijo.

Antes de despedirme quiero hablarte de otro Padre de la Iglesia que escribe en griego: es san Gregorio de Nisa. Tiene un hermano mayor que también es Padre de la Iglesia, san Basilio, que le forma muy bien en la doctrina cristiana. San Gregorio nace hacia el año 335. Es nombrando obispo de Nisa, en la actual Turquía. Algunos lo persiguen y levantan calumnias contra él, pero se mantiene firme. Destaca su intervención en el Concilio de Constantinopla donde se define de manera oficial la divinidad del Espíritu Santo. Escribe muchos libros y sus homilías son también una delicia. Si tienes tiempo y ganas te recomiendo sobre todo *La gran catequesis*, *La vida de Moisés* y *La vocación cristiana*. Para el tema que nos ocupa hoy, querido hijo, de todo lo que dice san Gregorio de Nisa, me voy a quedar con una frase:

> «El silencio se menciona en primer lugar porque gracias al silencio, aprendemos el arte de hablar».

¿Dónde y cómo aprende un ser humano a hablar, querido hijo? Antes de hablar todos somos mudos, no hablamos hasta que al escuchar palabras empezamos a balbucear hasta llegar a pronunciar palabras. Esto tenemos que aplicarlo a la vida espiritual, Juan. ¿Por qué crees que te escribo todas estas cartas sobre el silencio? ¿Ves que todo va en un mismo sentido? ¿Descubres la esencia? Lo primero siempre es el silencio. ¿Cómo vas a aprender a llamar a tus padres si antes no escuchas cómo hablan ellos y llaman a sus queridos hijos Juan, Alberto y Ángel? Tus dos hermanos y tú, querido hijo, sois el centro de vuestros padres. Hay que hablar después del silencio. Cuando el silencio se rompe porque un niño empieza a decir sus primeras palabras es un momento de muchísima alegría para sus padres. Eso viven tus padres contigo al ser el hijo mayor, y luego lo experimentas con tu hermano pequeño, Ángel; con Alberto apenas eres consciente porque solo os lleváis dos años. Juan, has aprendido a hablar en el silencio y has visto cómo Ángel empezaba a hablar mientras sus padres y sus hermanos hablabais entre vosotros. Son momentos que quedan grabados, es el inicio de una nueva vida.

Juan, quiero que de esta reflexión que hago contigo des el salto a la vida de silencio interior, que te metas de lleno en el silencio místico para aprender a hablar a Dios. Lo haces desde hace tiempo, pero ahora tienes que ser consciente que es un arte, el arte de hablar es el arte de orar, querido hijo. San Gregorio de Nisa se expresa así de directo. Hablar es un arte. Hay que aprender, como todo aquello que es un arte, se necesita tiempo y maestro. Es lo que has tenido siempre en casa, sobre todo tu madre, que tanto te ha enseñado desde su vocación de maestra, y también tu padre como aquel que te ha acercado al silencio de la oración. Une las enseñanzas que has recibido desde niño, Juan. Y verás que todo era para tu bien, para que fueras lo que empiezas a ser ahora, un joven que quiere crecer en el arte de hablar en sentido místico, que no es otra cosa que vivir el silencio místico. Y de ahí llevar una profunda vida de oración. Todo encaja, pieza a pieza para que puedas hablar, rezar y callar para que mi Hijo Jesús te diga todo lo que quiera.

Es un arte escuchar, Juan. No solo es un arte hablar, sino también escuchar. Para vivir el silencio místico has de trabajar en estos dos artes, el de hablar y el de escuchar. Porque sin ello no podrás crecer por dentro en silencio místico. Aprende a callar. Aprende a hablar. Aprende a escuchar… ¡Aprende a ser feliz! ¡Aprende a acercarte a los santos! ¡Aprende a escoger buenos libros de oración! Aprende, Juan, aprende todo lo que tu padre te va diciendo en estas cartas sobre el silencio. Hemos empezado hace poco, llevamos pocas, nos queda camino por delante, pero quiero ir despacio. Mi intención es que aprendas paso a paso la grandeza del silencio interior que se esconde en tantos tipos de silencio que dan fuerza a la vida interior de todo hombre que se decide a emprender un camino, el camino de la búsqueda, encuentro y unión con Jesús, mi Hijo, que te espera siempre para decirte que no hay nada mejor que vivir el silencio místico.

Todo esto que te digo, querido hijo, ha salido de una sola frase. Una frase puede dar para mucho si contiene en sí la grandeza del silencio y en este caso, del silencio místico. Juan, sin silencio no podemos ir hacia Dios. El camino se corta, ya sea por un precipicio, una maraña de zarzas o un río que no se puede vadear. Pero cuando uno se moja y se empapa de silencio se encuentra con Jesús y paladea todo lo que mana del silencio místico, del saberse amado por Dios y amar a Dios en soledad y silencio…

Juan, no me quiero despedir sin felicitarte antes por esa nota tan buena que recibiste ayer del examen de Fluidos. No solo has aprobado la asignatura más difícil de Ingeniería Industrial, sino que además el resultado es muy alto. Ahora, Juan, ves el fruto de unir al estudio la vida de oración. En silencio tu vida cambia y ves maravillas como la de ayer. Por eso aprovecha muy bien estos días de Navidad por casa para saborear y profundizar en todo lo que vives cuando cierras la puerta de tu habitación y rezas en lo secreto. Haces silencio y descubres lo que es el silencio místico. Te dejo ya, que me acabo de asomar por la ventana y te veo venir por la calle. No pierdes el tiempo para nada, Juan. Estoy muy orgulloso de tener un hijo como tú. Has estado con tu tío y ahora vas a sacar unas dos horas de estudio antes de comer en familia. ¡Sigue así, Juan! Vas por buen camino. Te espero el domingo por la noche en Belén. Tu padre que tanto te quiere,

San José

Silencio prohibido

27-12-2023

Querido hijo, querido Juan:

¡Muchas felicidades, Juan! Hoy es tu santo, bueno uno de los tantos que tienes. En este día tan cercano a la Navidad recordamos y honramos a san Juan, el apóstol y evangelista, pero también tienes a san Juan Bautista, san Juan de Ortega, san Juan Crisóstomo y san Juan de la Cruz, entre otros. Este último creo que es el que más conoces desde que comenzaste a tener una dirección espiritual más profunda al comenzar la vida universitaria. Todos esos Juanes te cuidan desde el cielo. Hoy, el discípulo amado se quiere hacer presente de modo singular en su fiesta.

Te escribo mientras terminas de ver con tus padres y hermanos la película de la vida del padre Pío de Pietrelcina. Es un santo que me guardaba mucho afecto y difundía al mismo tiempo la devoción a mi persona entres sus numerosos dirigidos espirituales. Ahora es una manera muy común de pasar la tarde o la noche en familia. Antes no había «tele» y las familias iban a las grandes celebraciones litúrgicas donde los sermones duraban más de media hora y en algunas ocasiones podrían llegar hasta una hora completa. Juan, date cuenta de que era la manera de formar y catequizar a los fieles. No existían los medios que tienes hoy día y mucha gente no sabía leer ni escribir. Por eso los sermones de las fiestas eran el centro de la vida de todas las familias. Juan, me dirás que a qué viene esto en plena Navidad. Llevas parte de razón. Pero ahora lo vas a entender mejor. Atiende, Juan, de sermones va hoy el tema. Te vas a sorprender porque cambia todo; hoy se rompe el silencio porque vamos a hablar del silencio prohibido. Me explico. Hasta ahora las cartas escritas y las que vendrán después, son un medio para conocer diferentes modos de vivir el silencio. Pero hay ocasiones en que el silencio está prohibido. No se puede callar cuando la verdad está en juego. Lo primero es la verdad, la vida de fe, la salvación de las almas.

A esto une lo que te dije en la carta pasada, querido hijo. Te hablaba de los Padres de la Iglesia que escriben en griego. Pues hoy, día de san Juan, vamos a conocer dos grandes santos que no se callan. Dicen la verdad y animan a todos los que han recibido la vocación sacerdotal a romper el silencio cuando todos callan y no se puede ni debe callar porque dejarían de ser lo que son, y se convertirían en perros mudos, como dice el profeta Isaías. Ya lo verás cuando lo leas en un texto que define a la perfección quiénes son los perros mudos.

Entre tantos padres de lengua latina me voy a centrar en uno que conoces desde niño, san Agustín, por el colegio donde has estudiado antes de comenzar la universidad. Nace en Tagaste (África) en el año 354. Vive muy perdido en todos los sentidos durante su juventud hasta que se convierte en Milán (Italia) y recibe el bautismo por otro gran Padre de la Iglesia, san Ambrosio. Al volver a su tierra lleva una vida ascética y es elegido para ser obispo de Hipona. Sus sermones son de gran ayuda para la formación de sus fieles. Además, escribe muchos libros de profundo calado teológico. Y como muchos santos, también pone por escrito su vida, su título lo dice todo: *Confesiones*. Muere el año 430. Entre sus numerosos y enjundiosos sermones hay uno que nos viene muy bien para explicar este silencio prohibido. Vamos al *Sermón 46* que está dedicado a los pastores:

> «Esto dice el Señor: "Me voy a enfrentar con los pastores; les reclamaré mis ovejas". Oíd y aprended, ovejas de Dios: Dios reclama sus ovejas a los malos pastores y los culpa de su muerte. [...] ¿Qué significa esto, hermanos? ¿Os dais cuenta lo peligroso que puede resultar callarse? El malvado muere, y muere con razón, muere en su pecado y en su impiedad; pero lo ha matado la negligencia del mal pastor. [...] Por eso precisamente a nosotros nos toca no callarnos».

San Agustín no se anda con rodeos, Juan. Va directo. No se puede ir en contra de la voluntad de mi Hijo. Jesús nos deja bien claro que quiere que todos los hombres permanezcan unidos para así entrar en la vida del cielo y experimentar de manera permanente la unidad que tiene con el Padre y el Espíritu Santo. Es el deseo del Padre. Y también el mío, querido hijo. Para ello Jesús escoge a algunos hombres para llamarlos a ser sacerdotes, pastores de su rebaño que ha de caminar unido hacia los pastos de la vida eterna. El pastor tiene que cuidar todo el rebaño y atender a todas las ovejas y llamarlas siempre que se desvíen del camino porque pueden caerse por un barranco y morir. Eso es lo que tiene en el corazón san Agustín cuando escribe y pronuncia este sermón. Juan, hay malos pastores. Es triste decirlo, pero es verdad. Tanto ahora como cuando vive san Agustín. Da igual que estemos en el siglo XXI que en el IV. Los malos pastores llevan al pueblo a la perdición. No lo digo yo, lo dice un santo de la altura de san Agustín. Y otros muchos. Luego verás otro testimonio en el mismo sentido.

¡Las almas mueren por la negligencia de los pastores! Necesitamos pastores que lleven por las sendas de la vida y guíen el rebaño así hasta el final, hasta lo más alto de la vida en Dios. Cuando un pastor, ya sea sacerdote, obispo o cardenal, se calla cuando debe hablar para evitar que haya fieles que se pierdan para siempre en el abismo, mi Hijo sufre muchísimo. Por eso despierta en la Iglesia pastores como san Agustín, para mostrar a todos con esa claridad de palabra que tiene, que un pastor no puede callar si hay una oveja en peligro. Da igual la hora, el lugar y la situación. Hay que hablar y decir la verdad, abrir la puerta para que vuelva al redil y siga el camino marcado por el Buen Pastor. ¡Toca no callar! Palabras llenas de vida estas de san Agustín. Está todo dicho en esa frase. Pocas palabras, pero mucho contenido concentrado. Juan, es tan grande, tan bella, tan apasionante, la vocación de pastor de almas... ¿Qué te voy a decir a ti, querido hijo, si siempre buscas pastores como los que quiere mi Hijo y te muestra hoy san Agustín? Podríamos terminar con este texto de san Agustín, pero no va a ser así. Hay más textos por conocer. Juan, nos queda enseñanza por delante mientras la película cada vez os mete más en la vida de mi querido Padre Pío. Está por aquí cerca mientras te escribo esta carta ahora que tu mesa de estudio está libre en estas horas finales del día.

Te decía que tenemos todavía materia porque quiero hablarte de otro gran santo que seguro que para ti es totalmente desconocido: san Gregorio Magno. Junto a san Agustín, san Ambrosio y san Jerónimo, forma el fundamento y culmen de toda la patrología de Occidente que acoge a los Padres de la Iglesia de lengua latina. Nace en Roma en torno al año 540. Siendo monje es elegido papa el 3 de septiembre del año 590. Por eso su fiesta litúrgica se celebra dicho día. Se toma muy en serio su tarea y no pierde el tiempo. Es un pastor de verdad que lo da todo por sus ovejas, gobierna con maestría el rebaño confiado, ayuda a los más pobres y con sus escritos propaga y consolida la auténtica fe. Destaca sobre todo en cuestiones de moral y de fundamentos de la fe, lo que se llama *dogmática*. Muere el 12 de marzo del año 604.

Una de sus obras más curiosas e importantes es la *Regla pastoral*. En ella muestra al Buen Pastor y el modo en que el que ha sido llamado por mi Hijo a vivir como él, es decir, como pastor de su grey ha de vivir para estar lo más unido posible a mi querido Hijo Jesús. Es sobre todo la vivencia interior más que una norma de vida; la presentación de un corazón sano que busca que todas sus ovejas vayan por el camino adecuado. Y si se desvían, el pastor las llama y avisa para que vuelvan. No puede vivir en silencio, sino todo lo contrario. Juan, es la hora del silencio prohibido. Así lo describe san Gregorio:

> «El pastor debe ser discreto en el silencio y útil al hablar, al fin de que no diga lo que debe callar, ni calle lo que debe decir. Pues, así como habla incautamente conduce al error, así también un silencio indiscreto deja en el error a quienes podían instruirse. Ocurre con frecuencia que los pastores imprudentes, temiendo perder el aplauso de los hombres, tienen mucho miedo de decir con libertad lo que es recto. Éstos, conforme a la voz de la Verdad, en modo alguno sirven ya con el celo que los pastores tienen por la custodia de la grey, sino al contrario, lo hacen con el de los asalariados; pues, al esconderse en su silencio, huyen cuando llega el lobo» (*Regla pastoral* II, 4).

¡Nada de callar! ¡Prohibido callar! ¡Rechazo al silencio! ¡Valentía! ¡Decisión! ¡Confianza! Esta es la actitud de un pastor que lo único que busca es la verdad. ¿Qué es más importante, Juan? ¿Perder el prestigio o que una oveja quede atrapada entre zarzas? ¿Todos los pastores conocen y defienden la verdad proclamada por mi Hijo en el evangelio? ¿Es la verdad el centro de la enseñanza de los que son llamados a guiar al rebaño de mi Hijo? Volvemos a lo mismo que dice san Agustín. Muchos no viven su vocación a fondo y se convierten en trabajadores que esperan su salario y el resto les da igual. Esta actitud hace mucho daño a la vida de la Iglesia. El silencio es cómplice de los problemas internos de la Iglesia. Hay lobos, sí, Juan. Muchos lobos acechan y atacan de manera directa el rebaño de mi Hijo. Tú sabes buscar refugio y defensa en los buenos pastores. Pero ¿y los que no conocen a los pastores? Y peor aún, ¿qué viven por dentro los pastores que ven venir al lobo y corren sabiendo que el mismo lobo les puede devorar a ellos también? Los lobos están cada vez más activos y atacan con más fuerza. Tenéis que estar bien protegidos, Juan. Ya sabes dónde acudir siempre, a los pastores que sacan las armas del zurrón para hacer frente a los lobos. Reza por ellos para que se mantengan firmes en esa actitud y también por aquellos que huyen y no saben ni quieren enfrentarse a los lobos. Y ahora, Juan, llega lo prometido, la definición de lo que es un perro mudo. Seguimos con la *Regla* de san Gregorio en el mismo punto de antes:

> «El Señor los amonesta por el profeta diciendo: "Son perros mudos que no sirven para ladrar". Y en otro lugar: "No os elevasteis desde lo adverso, ni construisteis un muro en defensa de la casa de Israel para que resintierais en la batalla el día del Señor". Elevarse desde lo adverso es ir contra los poderes de este mundo hablando libremente en defensa de la grey. Y estar en la batalla el día del Señor es resistir a los perversos combatientes desde el amor de la justicia. Por tanto, que el pastor tema decir lo que es recto ¿qué es sino dar la espalda callándose? Por el contrario, opone un muro para la casa de Israel en contra de los enemigos quien sale al paso en defensa de la grey. De ahí que, al pecar el pueblo, se diga en otro lugar: "Tus profetas vieron para ti falsedad y estupidez, y no pusieron al descubierto tu iniquidad para inducirte a la penitencia"».

Me callo, Juan. Me callo para que veas con detalle y atención lo que es un perro mudo. ¿A que hay muchos perros mudos hoy en este mundo…? ¿Un perro que no ladra cuando viene alguien desconocido es un perro fiel? ¿Marca tu vida ver ladrar a un perro cuando llega el lobo? ¡Eso es lo que marca la vocación sacerdotal! ¡Ladrar cuando corresponde! ¡Defender día y noche el rebaño confiado! ¡Estar siempre alerta! Si todos los pastores siguieran este modo de vida, la Iglesia no sería lo que hoy es y vives en tu día a día. ¿A que sí, querido hijo? Y todavía añade más san Gregorio, el perro mudo se calla porque no quiere ir contra los poderes de este mundo. ¿Y por qué? Pues porque piensa como ellos o porque es más cómodo quedarse a la sombra que salir a pleno sol a trabajar para que siempre reine en los corazones el amor de mi Hijo. Eso es duro. Y más duro aún levantar muros de defensa frente a los lobos. La palabra de un sacerdote fiel ayuda a destapar las mentiras que ciegan este mundo. Va contra los poderes mundanos y, poco a poco, construye un muro más alto para que sus ovejas tengan buen refugio para cuando llega la noche y las tinieblas se adueñan de los caminos…

¡Y espera, Juan, que todavía queda más! San Gregorio es un genio. Por eso lleva el sobrenombre de Magno. No tiene desperdicio su *Regla pastoral*:

> «De ahí que el Señor amoneste, por medio del profeta Isaías, diciendo: "Clama, no ceses, alza tu voz como una trompeta". Y es que todo aquel que accede al sacerdocio recibe el oficio de pregonero, a fin de que él mismo, claro está, marche clamando antes de la venida del Juez que llega terriblemente. Por tanto, si el sacerdote no sabe predicar, el pregonero mudo ¿qué voz de clamor habrá de dar? Por esto, el Espíritu Santo se posó sobre los primeros pastores en forma de lenguas: porque a los que llena, los hace interrumpidamente elocuentes de Sí».

¡Ser pregoneros! ¡Clamar! ¡Avisar! Eso es lo que no hace ni quiere vivir un perro mudo. ¡Cuánto daño hacen los perros mudos, Juan…! Ya desde el profeta Isaías, Dios pide que no haya perros mudos. Por algo insiste tanto a lo largo de toda la Escritura. Ser sacerdote es ser pregonero de la Palabra hecha carne en Belén. ¿Qué hace un sacerdote que no habla de lo sucedido en Belén? El que vive su sacerdocio en plenitud no calla nunca, habla a tiempo y a destiempo, siempre y cuando deba hacerlo, para mostrar que todo hijo de Dios tiene que buscar el camino de encuentro con Dios vivo y verdadero mostrado en la carne, hecho Niño y adorado por sus padres, María y José, los pastores, los Magos de Oriente… Todo esto, querido hijo, no es posible sin la acción del Espíritu Santo. Un sacerdote que no se deja llevar por el Espíritu Santo se enfría, se aleja del fuego y no arde por dentro. El que ora, clama y actúa movido por el Divino Espíritu habla de lo que lleva dentro, de su pasión de amor por mi Hijo que ha venido al mundo para dar luz a las tinieblas, proteger contra los lobos y levantar corrales seguros. Para ello necesita colaboradores, sacerdotes que vivan un ideal, el silencio prohibido, el que no gusta a los perros mudos.

Quiero terminar ya, Juan. Pero hablando de perros mudos me viene el recuerdo del papa Benedicto XVI. Dentro de pocos días se cumplirá el año de su muerte. Estos días de Navidad han publicado una homilía inédita suya. ¿Sabes de qué habla? De un santo que quieres mucho. Búscala, Juan, te llevarás una grata sorpresa. No te digo más, solo la fecha: es la pronunciada el 22 de diciembre de 2013, a los pocos meses de presentar su renuncia al pontificado. Esto que comento contigo ahora es la disculpa para afrontar un tema muy importante, Juan: la historicidad de los evangelios de la infancia, los que dan las pocas noticias sobre mi vida. Muchos teólogos niegan su veracidad. Dicen que son creaciones literarias, pero que no narran hechos reales. Ahí es donde entra Benedicto XVI que vive el silencio prohibido y muestra la importancia de alejarse de los que no buscan la verdad o son perros mudos. Mira lo que dice la final de su libro *La infancia de Jesús*:

> «Hemos de constatar que en el curso de los últimos cincuenta años se ha producido un cambio de opinión en la apreciación de la historicidad, que no se basa en nuevos conocimientos de la historia, sino en una actitud diferente ante la Sagrada Escritura y al mensaje cristiano en su conjunto [...] Es digna de atención la toma de posición, cuidadosamente ponderada, de Klaus Berger en su comentario de 2011 al Nuevo Testamento: "Aun en el caso de un único testimonio hay que suponer, mientras no haya prueba en contra, que los evangelistas no pretenden engañar a sus lectores, sino narrarles los hechos históricos. Rechazar por mera sospecha la historicidad

> de esta narración va más allá de toda competencia imaginable de los historiadores" (p. 20). No puedo por menos que concordar con esta afirmación. Los dos capítulos del relato de la infancia en Mateo no son una meditación expresada en forma de historias, sino al contrario: Mateo nos relata la historia verdadera, que ha sido meditada e interpretada teológicamente, y de este modo nos ayuda a comprender más a fondo el misterio de Jesús» (pp. 123-124).

Ahora sí, Juan, con estas palabras del papa Benedicto XVI, que son un acicate para vivir a fondo el silencio prohibido, me despido. Está a punto de terminar la película que disfrutas en familia y pronto vendrás a tu habitación. Cuando llegues te espera esta sorpresa que alguien que te quiere mucho ha deseado dejarte esta noche. Sabes bien quién es, tu padre,

San José

Silencio comunitario

3-1-2024

Querido hijo, querido Juan:

Comenzamos un nuevo año, el 2024, nos traerá grandes sorpresas, bueno ya has tenido una muy grande hace poco cuando te has vuelto a encontrar con tu querido amigo Jerónimo y vuestro director espiritual. Hasta ahora en todo lo que va de tiempo de Navidad no habíais tenido oportunidad. Por fin ha llegado, nada menos que el día en que se recuerda la venida de mi Esposa María en carne mortal a Zaragoza. Pocos conocen esta fiesta y mucho menos la fecha. Con este recuerdo mariano habéis empezado vuestro encuentro orante ante mi Hijo que os estaba esperando expuesto en la custodia. Se ha fundido todo, Juan. No sabes lo que he disfrutado al veros a los tres unidos otra vez y comenzar el año poniendo todo ante mi Hijo, mirando a mi Mujer en ese día en que hizo un viaje único para alentar al apóstol Santiago en la propagación de la fe por tierras de la antigua Hispania y hablando de vuestro padre que ahora te escribe estas líneas. Estás feliz, muy feliz, querido hijo. Ha sido un reencuentro precioso y que esperabais con ganas en estos días. Ahora duermes, Juan. La noche avanza. Estás cansado de tanto estudio, pero ese encuentro te ha dado mucha fuerza y ánimo para seguir dando todo para que a la vuelta de vacaciones los exámenes salgan bien. Trabajo, silencio y oración da como fruto una vida muy distinta a los que no buscan el silencio. Habéis empezado con un momento de silencio en adoración y habéis terminado con otro silencio adorador. En medio, vuestro diálogo en tono orante me hacía dar muchas gracias a mi Hijo por veros crecer en vuestra vida espiritual.

Juan, te veo dormir, descansar, soñar… Estoy sobre tu mesa de trabajo, en la que tantas horas pasas estos días. Es de madera. Lo digo por lo que vuestro director espiritual os ha contado sobre esas vigas de madera que encontró en torno a un corral abandonado y medio hundido en un día muy especial y que aprovechó para hacer un buen rato de oración cerca de un monasterio que conocéis bien los tres. Justo entonces comentas que habías hecho problemas de resistencia de vigas de madera. Todo ha quedado unido, querido hijo, en tu estudio del día, la presencia de Jerónimo y el relato del sacerdote que os guía espiritualmente. Y ¿quién sabe mucho también de vigas de madera sino el que te escribe estas cartas sobre el silencio? Todo este recuerdo de lo vivido hace pocas horas es para entrar de otro modo en el tema de hoy, querido hijo. Juan, en este día en que se celebra el santo nombre de Jesús, mi Hijo, quiero hablarte del silencio comunitario. Ese silencio que une a las personas para dejar que Jesús hable al corazón de cada uno y al mismo a todos de modo conjunto. Es algo parecido a lo que habéis vivido esta noche y lo que hacéis tantas noches. Pero solo un rato, lo de hoy va más allá, te quiero introducir en algo que conoces porque lo has experimentado en tu primer año de universidad.

¿Te acuerdas de ese retiro en silencio en un monasterio benedictino en la montaña nada más acabar los exámenes en enero de 2022? Fuiste con más jóvenes a pasar un fin de semana en silencio acompañado por un monje de esa comunidad que guiaba el encuentro con varias meditaciones a lo que hay que sumar las celebraciones litúrgicas, sobre todo la santa misa que se vive de otro modo cuando se celebra con la unción que se debería en todos los lugares y con el silencio y decoro que hace que parezca que se está en el cielo.

Bien, Juan, todo eso nace de un santo, san Benito, que es el fundador de los monjes benedictinos. Uno de los santos de los que te hablé el otro día, san Gregorio Magno presenta la vida de san Benito en el libro segundo de su obra *Diálogos*. Entra dentro de esa época de los Padres de la Iglesia, pero lo saco del común por su importancia como iniciador de la vida monástica en occidente y para explicarte a través de su *Regla* el silencio comunitario. Mira, Juan, san Benito nace en Nursia (Italia) hacia alrededor del año 480. Estudia y se forma muy bien en Roma y comienza a vivir como eremita en Subiaco. Allí reúne a varios discípulos y se establecen en Casino donde funda el famoso monasterio de Montecasino y escribe la *Regla*. Podemos decir que su vida y su *Regla* son el fundamento de la vida monástica en occidente. Muere el 21 de marzo del año 547. Tiene una hermana que se llama Escolástica. También es santa y vive la *Regla* de su hermano en un monasterio de monjas. Se veían una vez al año y hablaban siempre de la grandeza de Dios. Rompían el silencio para poner en común lo que ardía en su corazón mientras vivían el silencio comunitario, cada uno en su monasterio. Lo más curioso y conocido es lo que viven los dos hermanos pocos días antes de morir santa Escolástica. Juan, lo tienes resumido en la segunda lectura del Oficio de las lecturas del día de su fiesta, el 10 de febrero. Es algo muy de Dios...

Vamos a la esencia de lo que pretendo en esta noche, Juan. La *Regla* de san Benito tiene varios capítulos y cada uno se centra en un tema propio de la vida comunitaria de los monjes. El silencio es clave en la vida monástica y san Benito le dedica el capítulo 6. Atento a lo que dice. Te copio lo más importante para lo que ahora nos interesa:

> «Hablar y enseñar incumbe al maestro, callar y oír conviene al discípulo. Por eso si hubiere de solicitar algo del supe-

rior, pídase con toda la humildad y sumisión que la reverencia le inspira».

San Benito no impone nada, sino que invita a sus hijos, los benedictinos, a vivir en silencio, procura con amor de padre que lleguen a tener por hábito de vida el silencio. Vivir el silencio de modo comunitario, voluntariamente, libremente, felizmente. ¿Y para qué callar tanto? Pues para poder escuchar mucho mejor lo que Dios pide a cada monje y a la comunidad. Es el primer paso, Juan. Esto es lo que viviste en aquel retiro que tanto te marcó. Fue tu primer contacto directo con el silencio de una manera prolongada. De ahí salieron muchos frutos; sobre todo el deseo de buscar siempre momentos de silencio a lo largo de la semana.

No quiero que te quedes aquí, Juan. Has de ir más allá. Estas palabras del santo monje lo que hacen es abrir la puerta a una vida nueva. Me explico. San Benito vive y quiere que todos experimenten lo mismo: vivir siempre como discípulo, estar siempre pendiente del maestro y ser humilde de corazón. Entender el silencio como vida de discípulo para aprender siempre, alejarse del pecado y crear un ambiente de vida interior. Ese el primer paso dentro del silencio comunitario. ¿Te das cuenta, Juan? Cuánto más callas, más aprendes del otro y mejor puedes escuchar lo que te pide Dios. Para que lo entiendas mejor me voy al primer mes de universidad, cuando eres novato. Ahí te toca vivir un silencio comunitario obligatorio durante esos días. Una de las normas que tenías que cumplir a tu llegada a la residencia universitaria era tener que callar y oír a tus veteranos. Eran los que mandaban a los que empezabais a vivir en dicha residencia. Os decían que hablar y enseñar era cosa de veteranos y que callar y oír era lo que teníais que hacer los novatos. Por eso, si queríais algo, teníais que buscar a vuestro veterano para pedir con toda sumisión salir a dar un paseo con su permiso o lo que fuere necesario. Y en las comidas y ratos de descanso, si intervenías tú o cualquier novato en alguna conversación, os esperaba un castigo si antes no se había pedido turno para poder hablar. Era un silencio impuesto y que te costaba porque veías que alguien te imponía sus normas por llevar más tiempo en esa casa. El silencio comunitario de un novato es muy distinto al de un novicio benedictino. Pero en el fondo es lo mismo, hablar solo cuando se puede. Uno de manera obligada y otro con plena libertad.

¿Te das cuenta, querido hijo, que saber callar y estar siempre queriendo aprender ayuda mucho en la vida espiritual? El querer ser siempre novicio ayuda a vivir mejor el silencio comunitario porque se vive con la ilusión, fuego y pasión de un joven que decide consagrar su vida a Dios en silencio comunitario. El querer ser siempre novato para aprender de los mayores de la residencia cómo hay que saber callar para tener silencio y poder estudiar mejor es lo que te ayudará a comprender y buscar ese silencio comunitario sin ser novicio, sino novato de tercer año que vive en silencio, no impuesto sino voluntario.

Seguimos, Juan, que hay más capítulos en los que san Benito nos habla del silencio comunitario. Ahora entramos en el séptimo que lo dedica a la humildad. Presenta el modo de ejercitarse en esta virtud y los grados cada vez más intensos según se crece en la vida espiritual. Mira lo que dice en el noveno:

> «El grado nono de humildad es si el monje reprime su lengua para hablar, y guardando silencio, no habla hasta ser preguntado».

Es una aplicación directa de lo que ha dicho como base de la vida del silencio comunitario. Ese silencio tiene un sentido. No es un silencio porque sí, nada de eso, Juan. Se trata de buscar el silencio para estar con Dios que da más vida que la conversación con hombres. Entrar en este juego abre muchísimo la puerta a crecer en la vida espiritual. ¿Y dónde había más humildad que cuando eras novato y tenías que estar callado hasta que te preguntaban algo porque si hablabas sin permiso te imponían un castigo? Ahora, al darle la vuelta y vivirlo como silencio comunitario en la residencia, ves que es mejor no hablar al vecino si no te pregunta nada porque puede estar estudiando en su habitación, y si entras sin que te llame le puedes cortar el tiempo tan necesario para el examen del día siguiente. Eso lo sabes bien porque te ha pasado ya varias veces. Por eso es mejor callar y esperar el momento de descanso para poder hablar y compartir el trabajo de la mañana o de la tarde.

Pero todavía afina más san Benito con la humildad. Mira lo que dice más adelante en este mismo capítulo de su *Regla*:

> «El undécimo grado de humildad consiste en que cuando el monje hable, lo haga suavemente y sin risa, humildemente y con gravedad, diciendo pocas palabras y razonables y sin levantar la voz».

Así las palabras son más serias, dulces y sencillas y el tono siempre bajo evitando las palabras ociosas. ¡Esto es una maravilla, Juan! ¡Cuánto quisieras que todos tus compañeros de residencia conocieran estas palabras de san Benito y se pusieran en práctica! ¡Qué diferente sería la vida si se buscara el bien de todos desde el silencio comunitario entre estudiantes universitarios! Puede ser que estés en silencio y venga alguien a preguntarte algo, pero lo hace de este modo. A ti te rompe el estudio, pero no al que está al lado porque baja la voz lo más posible. Es tan sabio san Benito... Es tan aplicable a la vida de cualquier comunidad, aunque no sea religiosa... Cambia tanto la convivencia viviendo en humildad el silencio comunitario... Se consiguen tantos frutos... Se crece tanto... Se conoce tanto uno mismo y a los demás... Se unen dos conceptos, silencio y humildad, y se abre la puerta a dos ayudas para todo el que vive el silencio comunitario: paz y control de uno mismo. Esto lo ves tú, querido hijo, pero pocos más en tu residencia, por eso estás deseando encontrar un piso para poder vivir el silencio y tener la paz que ahora añoras. En este año te voy a seguir ayudando a buscar piso. Espera un poco y déjale actuar a Jesús.

Mientras tanto, seguimos con la *Regla* de San Benito. Hay otro punto clave en el capítulo 42: el silencio después de completas. Las completas ya sabes que es la oración que hacen los monjes después de la cena antes de irse al descanso de la noche. Es un silencio impuesto de manera grave:

> «Siempre deben los monjes aplicarse al silencio, pero sobre todo en las horas de la noche».
>
> «Salidos de completas, a nadie se dé licencia para hablar de nuevo a otro de cosa alguna».

Termina el día y hay que descansar del trabajo y al mismo tiempo dejar todo en Dios. ¿Te imaginas que después de cenar a partir de las once o doce de la noche hubiera una norma de la residencia donde vives que dijera que está prohibido hablar o poner música o reunirse en las salas? Sería algo que cambiaría por completo la vida de todos los universitarios que ahí vivís. Aprovecharíais mucho más el tiempo y os iría mucho mejor. Eso lo sabemos bien tú y yo, querido hijo. Ese silencio de la noche para poder estudiar al final del día y poder descansar sin tener que aguantar que uno llega tarde, que otro viene de fiesta, que... ¡Cuánto ruido tienes que aguantar por las noches, Juan...! Por eso, vuelvo a lo de antes, a buscar pronto un piso en el que convivas con amigos que quieran vivir el silencio comunitario que tanto bien hace a los que lo viven de manera libre como los monjes y los que siendo laicos saben que sin silencio no se puede hacer nada...

Por si fuera poco, san Benito tiene pensado hasta el silencio en la hora de descanso de la siesta. En el capítulo 48 habla de trabajo manual y del descanso que los monjes tienen después de rezar la hora de sexta y tener la comida:

> «Después de sexta, en levantándose de la mesa, descansarán en sus lechos con sumo silencio, y si quizá alguno quiere leer, lea para sí, de suerte que no moleste a otro».

¿Cuántas veces te has ido a echar la siesta después de una mañana agotadora de clases o al terminar un examen que has tenido que preparar a fondo y no has podido descansar por sacar más horas de estudio, y no has podido descansar porque en alguna habitación cercana hay alguna fiesta o van y vienen unos y otros dando portazos porque tienen algún problema y no buscan el silencio para encontrar la solución? Son muchas Juan, ya lo sé... Y lo ofreces y al final llega otro momento para poder descansar. Aquí se ve la importancia del silencio comunitario de nuevo y con más fuerza. Vivir en comunidad no es fácil, y más cuando cada uno hace lo que quiere y de fondo el silencio brilla por su ausencia. «No molestar al otro»... Tenía que ser la regla de oro de toda residencia universitaria y de todo lugar donde vivan personas que tienen poco en común. A fin de cuentas, querido hijo, volvemos a la esencia e importancia de vivir siempre y en todo lugar el silencio comunitario. ¡Así es, Juan! Todo va llevando cada vez más al silencio. ¿Nos queda algo? ¡Sí!

En el capítulo 52 San Benito habla del oratorio y deja las cosas muy claras a los monjes:

> «Concluida la obra de Dios, salgan todos con sumo silencio guardando a Dios la debida reverencia, para que el hermano que por ventura quiera orar privadamente, no sea impedido por la indiscreción de otro».

¡Silencio por respeto a la presencia de Dios y a los hermanos que oran! ¡Llegamos al culmen del silencio comunitario, Juan! ¡Todo está centrado en Dios y en los que quieren rezar en silencio! Si no hay silencio no hay presencia de Dios, sino ruido que impide hablar con Él. Esto es lo que quisieras tener en tu residencia, una capilla para orar en silencio y unirte a los pocos que buscáis a Dios en el silencio. Tu hermano Alberto tiene más suerte porque en su colegio mayor si hay capilla para poder encontrarse con Dios, siempre que quiera, sin salir de casa. Ahora eso lo dejamos de lado y vamos a lo que quiero que te quede claro, Juan. Todo lo dicho en esta carta se resume en esta última frase de san Benito que te recuerdo. El silencio comunitario es para encontrarse con Dios y dejar que otros también puedan hablar con Dios en el silencio. Puede ser una capilla, una habitación o un jardín, Dios habla en el silencio, si uno lo descubre se mete en él y goza en unión con Él. Pero para poder vivir esto, si uno no está solo, es muy necesario el silencio comunitario. Ahora, querido hijo, relee esta carta punto a punto para llegar a esta conclusión ¿Qué mejor manera de vivir el silencio comunitario sin ser monje en un monasterio que siendo un novato que solo habla lo necesario y aprende de los veteranos la vida de silencio?

Responde esta pregunta, Juan. Cuando te despiertes y veas esta carta tienes tarea por delante. Seguro que nace en tu interior un deseo de volver a vivir un retiro en silencio ahora que ya sabes un poco más todo lo que mana del silencio comunitario. ¿Por qué no lo hablas con tu director espiritual, tu amigo Jerónimo y algún otro amigo y tenéis un retiro en silencio comunitario este verano una vez terminado el curso? Ahí te dejo la propuesta.

Da gusto verte dormir con tanta paz Juan... Termino por hoy. Seguiremos otro miércoles. Mientras tanto te sigo cuidando desde el cielo unido a María y al Niño Jesús, tu padre,

San José

Silencio renovador

10-1-2024

Querido hijo, querido Juan:

¡Cómo cambia la vida en pocos días, Juan! Hace una semana estabas con tu amigo Jerónimo y vuestro director espiritual viviendo a fondo la Navidad en oración y diálogo espiritual profundo y hoy estás de vuelta en la residencia universitaria que ha vuelto a cobrar vida tras las vacaciones navideñas. No hace falta que me digas que te costó dejar tu casa y tu familia el lunes y montar en el autobús porque sabías todo lo que te esperaba, los duros exámenes de enero que empezaste ayer mismo. No vamos a hablar otra vez de exámenes, sino de lo que hay detrás de ellos: una seria preparación. Para ello es fundamental el silencio. Y del silencio es de lo que tratamos en estas cartas, querido hijo. Hoy te escribo tarde y lo hago adrede. Seguro que pensabas encontrarte una carta esta mañana al despertar, pero no ha sido así. He cambiado otra vez la hora para aplicar lo que quiero explicarte hoy, el silencio renovador. Ahora disfrutas con tus amigos de la cena y de un rato de descanso en la sala de la televisión de la residencia. Es mi hora en este día, Juan. A última hora del día para que entiendas mejor lo que te diré al final de esta carta.

Mira, Juan, el silencio renovador es el que da vida a lo que se apaga porque no se vive en plenitud, ni con entrega suma lo que de verdad da sentido a la vida de una persona porque se tergiversa, adultera o simplemente se va enfriando por no poner alma, vida y corazón en ello. Por eso es muy importante estar siempre con ganas de dar un paso más en la vida, Juan. Eso sé que lo haces siempre, a tus veinte años, nadie te para en tus proyectos e ideales sobre los que se asienta tu vida personal. Algo de esto vive san Bernardo. Es un monje que nace el año 1090 cerca de Dijon, en Francia. Con poco más de veinte años desea ser monje del Císter y llega a ser abad del famoso monasterio de Claraval en Francia. Recorre media Europa para poner paz y unidad entre las divisiones y conflictos que no dejan espacio al silencio, al mismo tiempo que funda un sinfín de monasterios donde sí que se puede y se vive de verdad el silencio renovador.

Ahora que conoces un poco la vida de san Bernardo es más fácil que entiendas de un modo más auténtico el silencio renovador. Este singular y destacado monje renueva la vida monástica de un modo único, pero lo hace desde el silencio, un silencio que renueva su vida y que a su vez renueva la vida de los que viven con él. Primero lo vive uno y luego lo hace vivir a los demás. San Bernardo contagia el silencio renovador con maestría. Juan, piensa en todos esos jóvenes, muchos de tus años, que san Bernardo arrastra tras de sí y llaman juntos a las puertas de Claraval. Y los muchos que siguen sus pasos a lo largo de su vida. Todo porque el silencio que vive y que hace vivir renueva sus vidas. Eso tienes que hacer, Juan, empezar a vivir este silencio renovador y darlo a conocer a tus amigos más directos para que se den cuenta de lo importante que es este tipo de silencio.

Juan, todo lo que vas conociendo con estas cartas sobre el silencio interior te va transformando, pero no quiero que te quedes en este punto, sino que, en la medida de lo posible, según pase el tiempo, y madures todavía más, seas tú el joven veinteañero que arrastra a otros tras de sí. No digo que hagas como san Bernardo y os vayáis todos a vivir a un monasterio como monjes. Bueno, si mi Hijo te lo pide sé muy bien que lo harías y serías el más feliz del mundo. Y no digamos lo que se alegraría tu querido director espiritual. Querido hijo, lo que te quiero decir es que lleves tras de ti a todos cuantos puedas para que conozcan el silencio interior que tanto necesitan. ¡Llévalos! ¡Guíalos! ¡Muestra la senda! ¡Vete primero! ¡Ve delante! ¡Abre caminos! ¡Comienza con uno o dos! ¡Luego cinco o seis! ¡Seguirán diez o doce! ¡Llegaréis a los veinte! Seguirán sumándose jóvenes y tendrás la fuerza necesaria para comenzar y desarrollar esta obra que te sugiere tu padre. Empieza tú, querido hijo, y todos te seguirán. ¡Seréis profetas del silencio renovador!

A la hora de presentar el silencio renovador vamos a ir a sus escritos. Tiene muchísimos san Bernardo. Si tienes curiosidad, en la BAC encontrarás varios tomos que recopilan sus obras. Juan, nos vamos a centrar en un sermón y dos cartas. Son escritos breves, pero llenos de fuego espiritual que renuevan la manera de vivir. En cada uno de estos textos vas a encontrar un grado de vivencia de silencio adorador. Vamos con el primero, con el *Sermón de la triple custodia*; de la mano, de la lengua y del corazón:

> «¡Es una carne tierna, blanda y pequeña la lengua del hombre! [...] Es un miembro tierno la lengua, mas difícilmente se le puede sujetar. Es pequeña y de sustancia débil, mas tiene un uso grande y poderoso. Es un miembro pequeño mas, si no tienes cuidado, un gran mal. Es tenue y aplanada, instrumento aptísimo para vaciar los corazones, como creo testimoniarían las conciencias de muchos de vosotros, a no ser que todos seamos tan perfectos, que nunca, después de largas conversaciones, se haya encontrado nuestra mente en cierto modo vacía, la meditación menos devota, el afecto más seco y el holocausto de la oración no tan pingüe por las palabras que dijimos o por las que oímos; pero siempre por las palabras».

¿Ves que descripción tan original de la lengua? ¿Por qué no la compartes con tu amigo Jerónimo para que la compare con lo que ha estudiado él en la asignatura de Digestivo, dentro de su carrea de medicina? ¡No tiene nada que ver cómo describe la lengua un médico a cómo lo hace el gran san Bernardo! Juan, todo lo que dice el santo monje nos hace ver la importancia del silencio, nos renueva por dentro porque nos hace parar a reflexionar sobre lo que la lengua es y lo que puede llegar a provocar. Es un músculo que Jerónimo conoce bien en cuanto a anatomía se refiere, pero que, si vas más allá, siguiendo a san Bernardo, te encuentras con que has de tenerla siempre a raya.

La lengua es pequeña y débil, pero su uso es grande y poderoso. Son palabras de san Bernardo que deberías guardar en tu corazón, Juan. Algo que en apariencia no tiene gran fuerza en el fondo la tiene y mucho. ¡Te puede dominar, dañar y destrozar! Así de claro soy, Juan, pero no son cosas mías, sino del santo del que te hablo en esta noche. Hazle caso a él y con él, también a tu padre que tanto te quiere y te escribe estas líneas.

Juan, ¡la lengua vacía el corazón! Si el corazón se vacía, ¿de qué se llena? Ten mucho cuidado. Esto es clave en la vida espiritual, el mucho hablar nos vacía. No se puede usar mucho la lengua, Juan. ¿Y qué es eso, sino vivir un silencio renovador? El silencio, el no mover la lengua, te ayuda a entrar en ti, a evitar conversaciones ociosas, a dejar de lado todo eso que no te deja crecer por dentro y no da fuerza a tu vida. ¿Dónde encuentras más fortaleza, en una hora hablando con tu director espiritual o en una hora adorando a Dios en silencio? ¡Esto es el silencio renovador! Puede parecer que el hablar mucho, aunque sea bueno, es necesario, y es verdad, pero mucho más necesario es el silencio de la lengua para poder escuchar lo que alguien nos dice sin palabras, el Dios vivo que habla en el silencio del corazón.

No quiero decirte con esto, querido hijo, que a partir de ahora dejes de tener largas y profundas charlas con tus familiares, con tu director espiritual y con tus amigos más íntimos, sino que tengas en cuenta que por encima de estos diálogos buenos y provechosos se encuentra el silencio renovador de la lengua que te hace llegar hasta lo más profundo de tu ser, todo eso que antes has podido vivir gracias a un trozo de carne tierna, blanda y pequeña. ¿Lo ves claro, Juan? ¡Pues espera que damos un paso más!

Ahora te copio un fragmento de la carta de san Bernardo a su sobrino Roberto, en 1119. Es monje también. Uno de los treinta jóvenes que entran con su tío en Claraval, pero resulta que luego se cambia a los benedictinos. Al final regresa a la vida cisterciense:

> «Te espantan las vigilias, los ayunos, los trabajos manuales; pero todo esto lo tendrás en poco si meditas lo que son las llamas eternas. El recuerdo de las tinieblas exteriores hace que hallemos menso pesada la soledad del claustro. Si piensas en la futura cuenta que se nos pedirá por las palabras ociosas, no te disgustará mucho el silencio. Aquel eterno llanto y aquel crujir de dientes, vivos en tu memoria, harán que se te dé igual un colchón que una estera. Finalmente, si de noche velas bien despierto para cantar los salmos, como manda la Regla, muy dura habrá de estar la cama para que no duermas en paz. [...]
>
> Levántate soldado de Cristo; levántate; sacúdete el polvo; vuélvete al campo de batalla, de donde huiste, a pelear con mayor fortaleza después de la fuga y a triunfar con mayor gloria».

Estas palabras, querido hijo, bien podrías adaptarlas para compartirlas con algunos de tus amigos que al poco de empezar la carrera, por no afrontar bien la situación y dar todo por esos estudios que han escogido con libertad para preparar su futuro, cambian y no se centran, o lo que es peor aún, que abandonan los estudios y cambian por completo de vida. Conoces casos. Es algo muy común. ¿Y sabes dónde está la causa original? ¡En el silencio renovador! El silencio renovador te hace callar y ver lo que has dejado y lo que vives ahora para darte cuenta que, aunque sea difícil, esa llamada inicial bien discernida es la que da sentido a la vida y lo que es más aún, la que te abre las puertas de un futuro feliz, fastuoso y fecundo.

Este paralelo entre el cambio de vocación religiosa y de estudios universitarios viene muy bien para entender mejor el silencio renovador. Una vida que cada día se renueva porque hay silencio de verdad hace que todo mire a lo que uno sueña desde niño o desde adolescente. Pueden venir problemas, tormentas, batallas, pero si uno hace silencio, su vida se renueva y vuelve al origen, al amor primero, al sueño de su vida. Esto le pasa a Roberto, ese joven monje que no andaría muy lejos de tus años y que, tras hacer caso a su tío, y hacer silencio, se da cuenta y reconoce que lo que más importa en esta vida es prepararse a la vida verdadera, la eterna, y para ello hay que ser fieles a la vocación que Dios tiene dispuesta para cada persona.

Juan, todo cambia, todo se hace más llevadero, cuando el silencio reina en el corazón. Solo hay felicidad plena si tu vida se renueva en silencio. Pase lo que pase hay que seguir adelante y no dejarse llevar por las dificultades. Esas últimas palabras que te he copiado de la carta de san Bernardo a su sobrino Roberto, las entiendes de maravilla y te dan una fuerza y luz impresionantes para saber que tu fortaleza y la victoria nacen del silencio. Un silencio renovador que uno vive cuando se da cuenta de lo que ha perdido y corre sin descanso para recuperarlo y ser feliz, muy feliz, en esta vida y buscando lo mejor que un alma puede soñar en este mundo, la felicidad eterna.

Esa felicidad eterna, querido hijo, es la que vivirás algún día. Pero antes tenemos que dar el último paso en torno a este silencio renovador. Estamos ante un silencio que muestra cómo el silencio entre aquellos que más se quieren es realmente el silencio que une y hace crecer el amor. Esto lo encontramos en la carta a Ogerio, canónigo regular, del año 1130. Mira lo que escribe ahora san Bernardo:

«Al llegar a mis manos vuestra carta, os hallo a vos en mi corazón; y estoy seguro de que, al leer ésta, estaréis vos conmigo. Nos afanamos y cansamos en vano al escribirnos con frecuencia, se cansan nuestros mensajeros en llevarse y traerse nuestras cartas; pero ¿se cansan acaso nuestras almas amándose mutuamente? Interrumpamos lo que no podemos hacer sin esfuerzo, y redoblemos lo que nos ocasiona tanto menos fatiga cuanto se hace con más ardor; que nuestros espíritus descansen de dictar, nuestros labios de hablar, nuestros dedos de escribir y nuestros mensajeros de correr, y mientras tanto no dejen un punto nuestros corazones de meditar en la ley del Señor, que es la de la caridad. Cuanto más descansemos en esta ocupación, menos en reposo nos hallaremos; cuanto más a ella nos demos, tanto gozaremos de más apacible tranquilidad. Amémonos, pues mutuamente: amemos y seamos amados; en los que nos aman halla la paz nuestro corazón y procuramos esta misma paz a quienes amamos».

El amor, Juan, necesita silencio para cultivarse. Callar la boca y la mano y amar. Amar y dejarse amar en silencio... Esto es el silencio renovador, querido hijo. Puede ser duro, va unido al inicio de esta carta Juan. El silencio de la lengua que ahora pasa por el silencio de la comunicación escrita entre dos personas que buscan a Dios en este medio de comunicación. Date cuenta de que hablamos del siglo XII. Ahora hay muchas opciones, y lo que dice aquí san Bernardo se ha de actualizar a tanta maravilla técnica que en este siglo XXI tienes a tu disposición para poder comunicarte con tus seres más queridos que no tienes a tu lado. En aquella lejana época la única manera de comunicarse con aquellos que vivían en otro lugar era escribir cartas. Hoy es todo otro mundo y nunca mejor dicho.

Esto son ya palabras mayores, querido hijo, pero si llegas hasta donde quiero, verás que tu vida cambia. Ahora es cuando entenderás por qué te escribo al terminar el día y no al empezar como la mayoría de las veces, como te he prometido en la primera carta. He querido dejar pasar las horas del día para verte en tu jornada hora a hora. Me has tenido muy en cuenta al ser miércoles. No ha habido comunicación escrita, pero sí espiritual. Esa comunicación ha sido posible por medio del silencio renovador que te ha hecho levantar la mirada al cielo para confirmar una vez más que tu padre san José iba a venir a tu habitación en un momento que no sabías. Tenías seguro que no se iba a olvidar de ti, porque te conoce y te ama mucho. No me cansaré nunca de decírtelo, querido hijo. Te amo, te quiero y deseo lo mejor para ti. En este caso descubras que si no te escribo no por ello dejo de quererte y ser tu padre, sino que tengo más tiempo para desde el silencio amarte y presentarte a mi Hijo. Aquí, querido Juan, es donde hago todo el hincapié. En el silencio renovador que nos hace madurar y buscar la unión de las personas en el pleno amor vivido en la lejanía y en el silencio que da un vuelco al corazón.

Te puedes cansar de escribir una carta, pero ¿te puedes cansar de amar en silencio a alguien que quieres con todo tu corazón? Dicho de otra manera, Juan. Mira, puedes estar agotado del trabajo del día, como por ejemplo ayer tras el examen, pero antes de dormir, en la cama no te costaba nada hacer silencio y poner ante mi Hijo los nombres de los que más quieres. No los escribes, pero hablas de ellos a Dios, al Hijo de San José, al Hijo de la mujer de un carpintero de Nazaret. Esto es vivir el silencio renovador, querido hijo. Esto es lo que tiene que fundamentar tu vida desde ahora. Y nos queda camino por recorrer, Juan. Hay muchos silencios por conocer. Ahora quédate con este silencio renovador. Este último paso te puede costar vivirlo. Se entiende bien, pero a la hora de aplicarlo a la propia vida y relaciones humanas puede parecer más costoso, y lo es, pero del esfuerzo, de la entrega, del tesón, viene el fruto, como le decía san Bernardo a su sobrino Roberto. Al final, el joven monje se da cuenta que ha de volver a su origen. Su tío lo ama, le escribe cartas y en silencio renovador redescubre su vocación de monje cisterciense. Aquí lo tienes bien demostrado. No necesitas más explicaciones, Juan.

Por hoy lo dejamos, y me despido corriendo porque como me despiste vas a llegar a tu habitación y me vas a pillar con las manos sobre la mesa. Y me puedes decir y con razón que por qué no aplico lo que te acabo de decir sobre el silencio renovador. Pero sé que en estos momentos sería algo muy grande para ti verme aquí, escribiendo una carta en silencio renovador mientras mi querido hijo llega de disfrutar un buen rato con los amigos que ha conocido al estudiar en la universidad. Así es la vida, Juan. Un continuo aprender y dejarse llevar por el amor para vivir en paz desde el silencio renovador. Ahora, sí que sí, que oigo que estás metiendo la tarjeta en la puerta para entrar. Me voy, me despido, te quiero mucho, Juan, tu padre,

San José

Silencio inmortal

17-1-2024

Querido hijo, querido Juan:

Son las 00:45. Hace apenas diez minutos que te has ido a la cama agotado tras el duro día de estudio para terminar de preparar el examen de Resistencia de materiales que tienes a las 8:30. Voy a estar contigo en el examen, lo sabes bien, hijo. Y ahora también, estoy a tu lado, no has tardado ni dos minutos en quedar totalmente dormido. Te miro y te veo descansar. Lo necesitas muchísimo. Mientras tanto, tu padre se pone manos a la obra y te escribe otra carta.

Hoy es la fiesta de san Antón, un santo que, al morir sus padres, cuando tiene tus años más o menos, vende todo y se retira del mundo. Comienza una vida de oración, silencio, trabajo y penitencia que cambia por completo su existencia. Pronto se le unen varios discípulos y con el paso del tiempo se convierte en una gran referencia espiritual. Muere el año 356 y dada su actividad se le considera el padre de la vida monástica. Esto, querido hijo, me sirve para acercarme al tema de hoy. El silencio inmortal. Es un silencio muy peculiar y que no cualquiera es capaz de vivir en su pleno sentido. Podemos decir que el iniciador es otro monje, san Bruno, el fundador de la Cartuja. Juan, san Bruno nace en Colonia (Alemania) en torno al año 1035, estudia en París y es ordenado sacerdote. Mientras es un gran profesor, siente en su interior un deseo por la búsqueda de la soledad y con seis compañeros funda un monasterio que es el origen de la Orden de los Cartujos. Todo en silencio. Todo en Dios. Todo en anonimato. Así es la vida de este santo que en esta noche nos muestra otro tipo de silencio interior para tener en cuenta en tu vida espiritual.

Para ayudarte a entender este silencio es bueno que conozcas un poco la vida de los cartujos. Es impresionante. Juan, los monjes que siguen a san Bruno no hablan prácticamente nada. Viven todo el día en la celda, de la que solo salen tres veces a lo largo de la jornada: para rezar laudes y maitines de madrugada, para la misa de la mañana y por la tarde, para la oración de vísperas. ¡Hasta la comida es en la celda! Los domingos son más llevaderos porque se reza todo en la iglesia y comen juntos en el refectorio (comedor de los monjes). A esto se suma que los lunes dan un paseo por el campo durante unas cuatro horas. Eso aligera la rigurosa soledad, pero el resto del día y de la semana silencio inmortal. Además, has de tener en cuenta que ni los libros que escriben llevan firma personal; el autor es siempre «un cartujo». Incluso ni sus sepulturas dejan ver sus nombres. Es puro silencio y anonimato…

¿Te acuerdas de la última carta? Te hablaba del silencio renovador que vive con gran intensidad san Bernardo. Y ahora, querido hijo, es bueno que acudamos otra vez a sus cartas para darnos cuenta cómo distingue un silencio del otro. Su silencio renovador no tiene nada que ver con el silencio inmortal. Lo demuestra en una carta que escribe a Guigo I, quinto prior de la Cartuja y autor de las *Costumbres de la Cartuja* para regir el día a día de estos monjes blancos que viven un silencio inmortal. Atento lo que escribe un monje cisterciense a un monje cartujo. Dos hombres de Dios, santos, llenos de Dios y amantes a más no poder del silencio:

> «Recibí la carta de vuestra santidad con tanto mayor gozo cuanto era más intenso el deseo que tenía de recibirla desde hace mucho tiempo. La he leído y releído, y a medida que iba pronunciando las palabras, sentía como que me arrojaran al pecho otras tantas centellas, que han terminado por abrasar mi corazón en un fuego semejante al que vino a poner el Señor en la tierra. [...]
>
> Me dais ocasión propicia a que me tome el atrevimiento de dirigirme a vos para contestaros; cosa que hace ya mucho tiempo deseaba hacer, aunque no osaba realizarlo. Y no lo osaba por temor de turbar, con mis letras importunas, el santo reposo de que gozáis en vuestro trato íntimo con Dios; por no interrumpir, ni siquiera unos momentos, ese silencio sagrado y perpetuo que guardáis, alejados del siglo y puestos siempre al habla con el Señor».

Silencio sagrado y perpetuo, Juan. Así define san Bernardo el silencio que viven los cartujos. Son monjes y cada uno lo vive según su carisma identitario, son matices dentro de una misma realidad como vas viendo a lo largo de estas cartas que te escribo. No me lo invento, es el mismo san Bernardo el que pone nombre a este tipo de silencio. ¿Te has dado cuenta con que finura espiritual comienza la carta hasta que llega al culmen de mostrar la grandeza del silencio cartujano? ¡No se atreve a romper el silencio inmortal! ¿Te habías parado a pensar algo así, Juan? Ese silencio supone mucho, Juan. No es nada fácil, lo reconoce hasta un monje que sabe mucho de vida en silencio. Pero es tan distinto el silencio renovador del silencio inmortal... El renovador va más con tu persona. El inmortal menos. Te viene muy bien estos días para estudiar más y mejor y como dice san Bernardo a Guigo, vivir alejado del siglo, que quiere decir mundo, y estar siempre atentos a la escucha de las palabras de Dios en el corazón. Todo es un trato íntimo que asombra a todo aquel que lo descubre en su vida. Es un poco lo que haces estos días, vivir aislado de todo para centrarte en el estudio sin dejar de lado la oración. Juan, esto lo vives unos días, pero no un mes entero, ni mucho menos un año o toda una vida. Pero en estos momentos tan intensos de trabajo creo que entiendes mejor el sentido del silencio inmortal. Ves que es muy importante, necesario, provechoso..., pero para unos pocos escogidos. No cualquiera vale para vivir como cartujo en silencio inmortal. Hay muchos que llaman a las puertas de las cartujas y comienzan, pero son muy pocos los que llegan a profesar como cartujos y vivir para siempre en silencio inmortal.

No me quedo en esto, Juan. Tenemos que dar un paso adelante en tu conocimiento del silencio inmortal. El fruto de este modo de vida monástico que centra todo en el silencio es algo que llena el corazón de paz. Pocos, muy pocos, pueden vivir así, porque pocos son capaces de vivir un silencio inmortal. Mira lo que dicen los estatutos de los cartujos:

> «El alma del solitario será como un lago en calma cuyas aguas brotan del fondo de lo más puro del espíritu; ningún ruido del exterior las agita y, como un espejo límpido, reflejan únicamente la imagen de Cristo».

Esto ya es otra cosa, Juan. Ya no son palabras de san Bernardo para presentarnos cómo es el silencio inmortal, sino que nos adentran en la vida íntima del que vive el silencio inmortal y lo que nace de este día a día en silencio sin ocaso. ¿Ves todo lo que dice esta frase en tan pocas palabras? Mira, Juan, el que vive el silencio inmortal es un lago en calma cuya fuente está en lo más hondo de la persona. ¿Conoces a alguna persona que puedas definir como un lago en calma permanente? Creo que no. Todos en algún momento se alteran, pero eso sucede porque no viven el silencio inmortal. Vivir en silencio ayuda a ser un lago en calma, pero con alguna que otra ventolera. Solo el silencio inmortal es capaz de dar la paz y calma de un lago cuyas aguas jamás se revuelven. Y además, hay que vivir en un monasterio. Van de la mano silencio inmortal y vida monástica.

Y si un lago está en calma siempre es porque nada lo agita. Ya puede venir lo que venga, que quien vive el silencio inmortal no se va a inmutar. Va a permanecer con paz en el corazón y dando todo a Dios. Suceda lo que suceda, nada puede romper la calma de un lago que tiene su origen en el encuentro con Cristo en lo más secreto del corazón. Es muy difícil que nada de nada agite a una persona. Te pasa a ti, hijo, y les pasa a todos. No te preocupes, ya te he dicho desde el principio que esto es para muy pocos. Pero no por eso hay desaprovechar la oportunidad de adentrarse en un lago de esta categoría, aunque solo sea por un tiempo. Da mucha paz vivir así, Juan. Un fin de semana en silencio inmortal al año te ayudaría en gran medida a dejar todo en Dios y coger fuerzas para seguir con tu vida de estudio y formación para prepararte a ser un gran ingeniero industrial.

Y todo esto tiende a su fin, a mostrar el sentido, origen y majestuosidad de este modo de silencio, reflejar a Cristo, el verdadero lago en calma al que todos buscan para encontrar la paz del corazón. Date cuenta, Juan, que para reflejar el rostro de Cristo tiene que ser algo muy puro. No se puede mover nada, ni la más mínima agitación es admitida. Si llega a romperse la calma, se rompe el espejo que muestra aquel que nos enseña a vivir el silencio inmortal. Esto es sublime, Juan. Es para leerlo más de una vez. Todo lo que se puede decir en torno al silencio inmortal comparado como un lago en calma que es quien vive así, en silencio inmortal, con la mirada puesta solo en Dios, el Dios que muestra el camino interior del silencio para crecer en su amor abre caminos de vida interior. ¿Vas entrando en este silencio…?

¡Y espera, Juan, que queda más! San Juan Pablo II, en el noveno centenario de la fundación de la Cartuja, escribe una carta al P. André Poisson, general de la Orden de la Cartuja. Vamos a mayo de 1984. ¡Al final de esta carta habla de los jóvenes! Quiero que veas la importancia de vivir el silencio de ese modo, inmortal, para dar luz a los que no lo conocen y tanto lo necesitan:

> «Es indudable que los numerosos y rapidísimos cambios que se están produciendo en nuestra sociedad, las nuevas causas psicológicas, que afectan al alma, especialmente de los jóvenes, y la tensión nerviosa que afecta hoy a muchas personas, pueden crear ciertas dificultades a las comunidades cartujanas, especialmente a las que son las nuevas esperanzas de la orden. Por eso debéis actuar con prudencia y firmeza —sin omitir nada para comprender las dificultades de los jóvenes— para que vuestro verdadero carisma permanezca intacto y no os desviéis de vuestra regla. Solo la voluntad inflamada por el amor de Dios y dispuesta a servirle en la austeridad de la vida retirada del género humano hará que se superen las dificultades».

Esto lo dice un santo de la talla de san Juan Pablo II. Un santo que amaba el silencio y el corazón encendido de los jóvenes como tú, querido Juan. ¡Ay, si hubieras conocido en persona a este Papa...! ¡Qué encuentros con los jóvenes allí donde iba...! Y esa última visita a España el año que naciste... Fue sublime, Juan. Cómo quería a España, a María, a los santos del Carmelo... Bueno, perdona que me voy del tema. Vamos a esta carta para que veas que lo importante es estar firmes en la vocación que cada uno recibe. Pero que sin silencio todo se pierde. Da igual una vocación que otra. Fraile, ingeniero, médico o profesor. Hace falta el silencio para todos. Date cuenta de que esta carta la escribe hace cuarenta años. Si fuese hoy, diría muchas más cosas en torno a los grandes cambios que sufre la humanidad y que afectan de un modo muy directo a los jóvenes. Se rompen, no aguantan, no entienden, no ven..., porque no tienen a Dios en su corazón y no saben lo que es el silencio. El silencio inmortal hace que todo se calme para quedar en lago de paz. Sin embargo, los jóvenes de hoy son mares en tempestad donde ellos mismos quedan ahogados por la fuerza de los vientos que no pueden parar y los hunde hasta lo más profundo. Hace cuarenta años la vida era muy distinta, querido hijo, pero la necesidad de silencio la misma.

Por eso, Juan, es tu hora, la hora de mostrar a todos tus amigos la importancia de acercarse al silencio, no al inmortal porque saldrían corriendo, pero sí a un silencio interior que te abre hacia el silencio inmortal, que es la mejor medicina que puede haber en este mundo de tinieblas y tormentas que cambian a la persona y la dejan totalmente perdida. El silencio inmortal sana, libera, ilumina. ¿Estás conmigo, Juan?

Hijo, quiero que llegues a ser un hombre entero, de una pieza, que pueda y sepa soportar todo. Como un novicio que comienza a vivir el silencio inmortal en la cartuja. Deja el mundo a sus espaldas y calla para siempre para oír solo a Dios. Tu vida es muy diferente. Me atrevo a decir que opuesta. Juan, tú te metes en el mundo para desde tu presencia en medio del mundo, hacer ver a todos que hay algo que ayuda a callar las tempestades del mundo —¡el silencio!— y con el silencio la presencia del Dios en el alma. Son caminos que llevan al mismo lugar, a decir a todos que sin silencio no se puede vivir y que solo el silencio inmortal es el que de verdad nos muestra la grandeza de lo que nos espera: ¡el cielo! ¡la eternidad! ¡la vida!

Ay, Juan... Pasa el tiempo... Te miro de vez en cuando. Cuando hago un punto y aparte giro la cabeza y te veo en silencio inmortal. Descanso. Silencio. Permanencia. Todo unido me hace seguir adelante con esta carta. ¡Cuánto te quiero, hijo! Cada vez que veo algo que te puede ayudar a vivir en estos momentos de tu vida tan especiales te lo presento. Por eso acabo de compartir contigo el final de esta carta. Siempre me quedo con ganas de decirte más cosas de corazón a corazón. Y por eso sigo, no mucho, pero quiero que sepas algo más...

Juan, ahora voy a ser un poco pillo, pero al mismo tiempo sensato. Lo vas a entender a la primera y me vas a dar la razón. Seguro. Mira, Juan, te he presentado textos que hablan del silencio inmortal que viven los cartujos, pero no he puesto ninguno de san Bruno. ¿Te has dado cuenta? ¿Crees que lo he hecho adrede? ¿Puede ser que no tenga escritos? Pues bien, Juan, atento. No te despistes ni un segundo. San Bruno, el fundador de la Cartuja y con ella del silencio inmortal, sí que tiene obras escritas, pero para que en esta carta que te escribo pueda aplicar de modo literal su silencio, me callo lo que él ha dicho sobre el silencio inmortal. ¿Cómo lo ves? ¿Qué te parece esta actitud de tu padre? ¿Te lo esperabas? Esto que te voy a decir ahora te lo pongo como deberes para cuando acabes los exámenes: busca *Maestro Bruno. Padre de monjes*, ahí tienes el *Elogio al silencio*, es precioso, también puedes leer sus enjundiosas cartas. Eso ya queda a tu gusto. Lo que he querido con esta carta es mostrarte otro tipo de silencio que te ayuda a ver todo de otro modo; porque solo en el silencio se puede escuchar a Dios, y en el silencio inmortal mucho más. Esto, a estas alturas, lo puedes decir y difundir entre tus amigos con mucha facilidad.

Juan, si vives el silencio inmortal, adaptado a tu vida de joven universitario, por supuesto, no vas a necesitar reformar nada en tu vida. Te lo digo porque como se dice en plan de broma, pero es real y muy real, la vida cartujana es la única cuya orden monástica nunca se ha reformado. ¿Sabes por qué, Juan? ¡Porque nunca se ha deformado! Así de directo y verdadero es: la cartuja «nunca reformada porque nunca deformada». Y todo esto porque el silencio inmortal la ha protegido siempre de lo que el mundo trae e introduce, incluso en la vida solitaria de los monasterios. Cuando más ruido, más falta de silencio, y más apretura al mundo, más se deforma todo. Por eso, Juan, estate siempre muy atento a todo lo que entra en tu habitación de la residencia para que no te aleje de tu identidad de fiel seguidor de mi Hijo. Juan, quisiera que puedan decir de ti, cuando pasen los años y hables de estas cartas recibidas en tu juventud, lo mismo que de la Cartuja: Juan nunca se reformó porque nunca se deformó. Lo podrías poner en algún papel y vivirlo desde el silencio inmortal que te invito a entrar desde ahora. ¿Qué te parece la propuesta, Juan? ¿Te atreves? ¿Aceptas?

Para responder a estas cuestiones lo mejor es hacer silencio en tu interior y escuchar en el silencio después que leas el *Elogio al silencio* de san Bruno. Querido hijo, no escribo más, me callo. La noche avanza y si sigo así me va a costar cada vez más despedirme de ti y voy a ir en contra de lo que te he querido transmitir en estas líneas con la vida y ejemplo de san Bruno y su silencio inmortal. Descansa, hijo, lo necesitas mucho. Estás agotado de tanto estudiar. Te queda poco, pero sabes bien que no puedes bajar la guardia. No te olvides que estoy siempre a tu lado y te ayudo en todo. Además, esta semana traerá una sorpresa al final. ¿Sabes por qué? Creo que sí y sino solo es cuestión de tiempo, de esperar a que llegue el fin de semana… Juan, te quiero mucho, tu padre,

San José

Silencio evangélico

19-1-2024

Querido hijo, querido Juan:

¡Ha llegado la sorpresa! Es lo que te decía al terminar la carta del miércoles, ¿te acuerdas, Juan? Te decía que este fin de semana ibas a tener algo especial y que igual ya sabías lo que era. Pues aquí lo tienes, otra carta de tu padre en este 19 de mes. Esta semana tienes dos cartas, la del miércoles de san José y esta otra por ser 19 de mes. Y voy más allá, Juan. ¿Te das cuenta de que de los tres exámenes de esta semana dos de ellos coinciden con los días que más te acuerdas de mí y te escribo cartas? Como ves, mi Hijo lo tiene todo preparado. En el silencio de la noche, una vez más, cuando te quedas dormido, nada más meterte a la cama, te escribo para adentrarte cada vez más en el silencio. Cuando te despiertes y te prepares para ir al examen de Fundamentos de electrónica que tienes a las 8:30, verás una carta sobre tu mesa. Por la tarde sé que lo tienes todo muy bien organizado. Descansa mucho, Juan, pero con actividades que llenen el corazón de paz y alegría al mismo tiempo que nos encontraremos en oración.

Juan, después del examen, date un paseo para relajarte. Y por la tarde después de salir a correr un rato, como tanto te gusta, vas a estar con tus amigos en la residencia. Luego llega lo mejor que es la misa y la adoración para celebrar bien este 19 de mes. Ahí nos vemos y hablamos de nuestras cosas. En silencio y, además, vas a aplicar lo que quiero explicarte en esta carta de hoy, el silencio evangélico, el que brota de querer vivir el evangelio sin glosas, sin comentarios, como lo propone san Francisco. San Francisco es un joven como tú que a los veinte años es hecho preso en la guerra entre su pueblo, Asís, y el vecino, Perusa. Tiene que sufrir, como todos los jóvenes que participan de esa contienda, la lobreguez de la cárcel cargado de cadenas. Todos se dejan llevar por la tristeza, pero Francisco, con su forma de ser los anima a todos riéndose de las cadenas. Tras ser liberados comienza una nueva vida para Francisco que da paso a la fundación de los frailes menores, los conocidos popularmente como franciscanos. Tenemos que ir muy atrás en el tiempo, hasta el siglo XIII y encaminarnos a Italia. Este santo italiano es quien da origen a la vida conventual. Hasta ahora hemos hablado de monjes. Ahora empieza en la vida de la Iglesia una nueva realidad: los frailes. Ya sabes que no es lo mismo, pero ahora no es cuestión de entrar en las diferencias entre un monje y un fraile. Juan, lo que me importa es mostrarte cómo san Francisco abre una puerta preciosa con su vida ejemplar centrada en la vida comunitaria, el evangelio y el encuentro directo con mi Hijo a través de la eucaristía. Vamos poco a poco. Todo esto te va a ayudar a entrar y gustar el silencio evangélico.

Entre los avisos espirituales de san Francisco encontramos algo que favorece la vida en común de un modo distinto y que ayuda mucho. Lo propone para la convivencia de los conventos donde viven los franciscanos, pero te puede venir muy bien para tu día a día en la residencia universitaria:

> «Bienaventurado aquel siervo que no habla por la esperanza del galardón y no manifiesta todas sus cosas y no es precipitado en hablar, sino que medita con mucha prudencia las cosas que debe decir y responder» (*Palabras de exhortación* XXII).

¡Esto es perfecto para tu vida de estudiante, Juan! Acercarte a un silencio evangélico que te hace meditar antes de hablar. Pasar por la mente y el corazón lo que hay dentro de ti para ver si es necesario decirlo o no. Así se evitan muchos conflictos. ¡Qué te voy a contar de palabras no pensadas ni meditadas que te toca escuchar en el comedor, en las salas de recreo o por los pasillos de tu residencia...! ¡Cuánto daño hacen! ¡Qué bien vendría que tus compañeros conocieran este silencio! ¡Cuánto cambiaría la vida dentro de esos muros donde vives con tantos jóvenes que no conocen ni aman el silencio...! Juan, el silencio evangélico es el que sana y da luz en todo diálogo. No solo hay que saber callar al decir algo, sino también al contestar. Son las dos cosas. Sé que lo entiendes bien, Juan. Es clave en tu vida y en la de todo aquel que se deja llevar por el silencio interior. Pero es tan difícil que otros lo comprendan y quieran vivirlo...

No conocen ni el silencio, ni el evangelio, ni a san Francisco ni nada de nada... Esta es la generación que ahora vive sin ilusión ni ideales. Me duele tanto, Juan... Te veo a ti tan feliz, tan decidido, tan entregado..., tan lleno del amor de mi Hijo... Pero cuando cambio la mirada y la dirijo a tus compañeros sufro mucho, Juan. Me dan pena. Están tan vacíos... Necesitan tanto silencio... Son tan pobres... tan débiles... tan inmaduros... El evangelio cambia la vida. ¡Qué te voy a contar a ti, querido hijo! Lo sabes muy bien y te apoyas en el evangelio; nace así el silencio evangélico. Hacer como Jesús en el evangelio que antes de hablar o responder, calla. Hace silencio y luego habla. Esa es la clave. Todo cambia con este modo de vida de silencio evangélico cuando uno vive en comunidad. Sino los problemas crecen, se multiplican, se enquistan...

Juan, no te precipites, ve despacio, calla, medita, interioriza, piensa en las consecuencias de tus palabras y luego habla desde el corazón. Eso es lo que siempre te va a dar seguridad en tu vida. Y esto no es otra cosa que la vivencia del silencio evangélico, el que nace de acudir a la fuente original de todo: ¡el evangelio!

Es hora de pasar ya al evangelio, a meterse en él para saborear lo que es la vida de silencio desde el evangelio. Este es el sueño de san Francisco para sus hijos, lo recoge san Buenaventura en una vida escrita por él mismo con todo tipo de detalles:

> «En cierta ocasión se expresaba de este modo:
>
> Quiero que mis religiosos trabajen y se ocupen en alguna obra honesta, no sea que, entregados a la ociosidad, lleguen a caer de palabra o pensamiento en algo que sea ilícito o pecaminoso.
>
> Así es que deseaba en gran manera que sus religiosos guardasen el silencio prescrito en el Evangelio; esto es, que se abstuvieran siempre solícitamente de toda palabra ociosa, como que de ella hay que dar cuenta el día del juicio. Impulsado por este sentimiento, cada vez que encontraba algún religioso viciado por el apetito desenfrenado de hablar, le reprendía con acritud; enseñando al propio tiempo que la modesta y prudente taciturnidad no sólo contribuye a conservar la pureza del corazón, sino que es además una gran virtud, pues no en vano se dice en la divina Escritura que la vida y la muerte están en poder de la lengua, no tanto por razón del gusto cuanto por la excesiva locuacidad» (*Leyenda de San Francisco* capítulo V, n. 6).

Juan, cuando leo y recuerdo este ideal de san Francisco no dejo de acordarme de todo lo que vives en esta residencia. Es lo que te decía antes. Lo repito. No me canso. Si tus compañeros se dedicaran a lo que deben, es decir, a estudiar y llevar al día todos los trabajos de clase, no habría tiempo para palabras ociosas que descentran el corazón y sacan fuera lo que no se debe y puede hacer daño. Tanto tiempo libre no es bueno. Hay que aprovechar todo para lo que estáis ahí viviendo, para sacar adelante una carrera universitaria con la que abriros a un futuro que no es nada fácil, pero que con silencio evangélico se entiende y afronta de otro modo mucho más esperanzador. A ti te faltan horas en el día y a otros les sobran a cada paso.

¿Y el resultado? Aprobar o suspender. Alegría o tristeza. Paz o angustia. Por eso es tan importante el silencio evangélico, Juan. Porque al vivirlo todo es posible. Dios lo propone en su Hijo Jesucristo para hacernos ver que es el camino ideal para llegar al cielo, y antes, en este mundo, prepararnos a ello viviendo sin problemas de relaciones humanas. Callar... Educar en el silencio... Mostrar a todos el beneficio del silencio evangélico sería algo muy bueno, Juan. Pero al mismo tiempo reconozco que es una tarea ardua y que no estaría libre de rechazos que puedan herir tu corazón.

Lo mejor, querido hijo, es que vivas desde este silencio, que los demás vean cómo tu vida es distinta y no tienes problemas. Y si los tienes, los sabes llevar con alegría, como san Francisco cuando vive en la cárcel entre cadenas. Todos sufren y no ven salida alguna. Él sí, y eso que todavía no ha llegado su conversión, pero se da cuenta que hay que pasar por ese momento. Están en la cárcel por defender su pueblo. No pueden hacer nada. Esperar que pase el tiempo hasta que llegue el día en que puedan salir a la luz y verse libres de las cadenas. Es lo mismo que ahora vosotros, estáis presos por los exámenes, pero no todos son capaces de vivir en alegría como tú, Juan. Tu rostro lleva a todos paz y júbilo. ¿Y sabes la causa? Pues bien fácil, porque sabes aceptar esos momentos de angustia esperando que os quiten las cadenas que en vuestro caso son los exámenes finales del primer semestre del curso. Es un paralelo que me ha venido a la mente y te puede servir para ayudar a tus amigos a que se acerquen un poco, solo un poco, al silencio evangélico.

¡Juan!, eres libre mientras vives encadenado a la espera del fin de los exámenes, pero lo haces desde el silencio evangélico. Te pareces a san Francisco que no soporta que se hable sin sentido ni control con todas las consecuencias que eso tiene, entre ellas no disponer de ese silencio tan necesario para poder estudiar con paz. Pero no solo esto, Juan, sino que tienes hacer ver a tus amigos que, si empiezan a saber callar y hablar lo justo, van a poder empezar a contralarse como personas maduras. Eso es clave. Ver que hay mucha vida por delante y sobre todo al final de todo un juicio, el que nos lleva al cielo o al infierno. Eso está de fondo en el silencio evangélico. El evangelio nos enseña que Jesús viene para salvarnos y mostrarnos el camino hacia el cielo, pero que también existe el infierno y que los que andan y hablan alejados de lo que dice el evangelio pueden terminar muy lejos de lo que tú vives ahora: la felicidad, la paz, la unión con Dios.

¿Cómo lo ves, Juan? ¿A que todo cambia, aunque uno lo pase mal durante cierto tiempo? Todo pasa. Todo se abre a una nueva vida, la que te espera cuando terminen estos días de angustia y agotamiento que darán como fruto un paso muy importante en tu vida, haber aprobado la primera parte de tu tercer año universitario. Todo vivido desde el silencio evangélico y procurando en la medida de tus posibilidades contagiarlo a tus amigos de residencia y también de estudios de ingeniería.

¡Nos queda lo mejor, Juan! Esta tarde vas a vivir lo mismo que deja por escrito san Francisco para entrar en comunión viva y directa con mi Hijo: hacer silencio evangélico para descubrir la presencia de Dios escondida bajo la forma de pan. Entre esos pensamientos sueltos —que han quedado del santo de Asís— quiero fijarme en uno que es sublime. Te va a gustar y me vas a dar la razón. Juan, es una frase que encierra en ella todo un tratado de vida espiritual abierta al silencio evangélico para vivir en unión con mi Hijo de un modo único y transformante. ¡Vamos!:

> «El hombre debería temblar, el mundo debería vibrar, el cielo entero debería conmoverse profundamente cuando el Hijo de Dios aparece sobre el altar en las manos del sacerdote».

Me callo, Juan. Y tú también, ¿a que sí? Esto es para rumiarlo con sumo amor divino. Un hombre es capaz de decir esto porque antes ha hecho silencio. Mucho silencio. Silencio evangélico. Si uno no calla y habla y habla no puede ser consciente de lo que tiene delante cuando va a la eucaristía o a la adoración eucarística. No hay palabras, Juan. Es mejor callar. Callar y rezar. Callar y adorar. Callar y comulgar. Callar y… Añade todo lo que quieras, lo que salga de tu corazón cuando repases esta frase al verte ante mi Hijo cuando el sacerdote eleve la Santa Hostia para que la adoremos en el momento de la consagración mientras participas de la celebración eucarística. Y cuando te quedes luego en adoración, continúa profundizando en este silencio evangélico. Ahora todo tiene mayor sentido si cabe. No se puede explicar con palabras. Hay que dejar hablar al silencio. ¡Hay que hacer silencio evangélico!

Hombre, mundo y cielo…, todo debería cambiar de estado cuando mi Hijo se hace presente en la eucaristía. Pero para ello hay que hacer mucho silencio adorador. Un silencio que nos ayuda a leer el evangelio y hacerlo nuestro para luego estar con el mismo Jesús que habla, sana, sufre la Pasión, muere y resucita. ¡Es el mismo, Juan! El mismo Jesús que recorre Galilea predicando y haciendo milagros es el que esta tarde va a entrar en tu corazón y al que vas a adorar de rodillas. El que te enseña a vivir el silencio evangélico para que tus momentos de adoración y de participación en la misa los vivas de otro modo. Esto solo es posible desde el silencio evangélico. Unir la presencia de hace dos mil años con la de este momento sabiendo que mi Hijo es Dios, que nos deja sus palabras en el evangelio y que cuando las hacemos nuestras y sabemos que también habla y cura a todo aquel que se acerca a su presencia real, viva y transformante en la eucaristía es algo que cambia el corazón.

Se vive de otra manera cuando uno es consciente ante quien está. Para ello hay que hacer un camino, Juan. Es largo, pero no hace falta esperar al final o a medio camino, porque tú, querido hijo, acabas de empezar dicho camino de encuentro con mi Hijo y ya estás muy unido a Él. Es solo cuestión del estado del corazón y del deseo de vivir el silencio evangélico para saber que mi Hijo está presente realmente entre las manos del sacerdote en cada eucaristía. ¿Hay algo más grande, Juan? ¿A qué lo puedes comparar? ¿Necesitas algo más? Todo esto y mucho más es lo que te espera esta tarde en la misa y adoración donde vamos a estar unidos con mi Hijo. Viernes, 19 de mes. Comienza un fin de semana muy especial. Una semana agotadora que vas a ver renovada y fortalecida cuando te pongas de rodillas en la consagración y en la adoración. Estaré a tu lado, lo sabes bien, Juan. Como estoy ahora mientras duermes y descansas.

Cuando unes estos tres grados de silencio evangélico todo se entiende mucho mejor y vives más a fondo tu vida de joven desbordado del amor de Dios que deja todo en Dios, reza, ama, espera y cree que todo lo puede en aquel que aparece sobre el altar en las manos del sacerdote... Querido hijo, repasa bien esta carta antes de salir de tu habitación esta tarde. De este modo el fruto será mayor porque vivirás un silencio nuevo al que sabes poner nombre. Van ya muchos tipos de silencio. Todos son buenos, necesarios y provechosos para tu vida espiritual y la de todos los que salgan en tu camino. ¡Todos tienen que vivir el silencio interior! ¡Todos!

Juan, sigue, no te canses, avanza, calla, haz silencio, ama y déjate amar por mi Hijo. A esto último que dice san Francisco añade lo que siento cuando tengo a Jesús entre mis brazos y le enseño a trabajar en el taller. De eso muy pocos se acuerdan. Esta tarde cuando veas a mi Hijo, únete a mí, a mi amor hacia mi Hijo. Unamos tu amor y el mío y dejémonos amar por Él. Dejarnos amar por Dios... Y amar a Dios como alguien que tuvo la dicha de ser su padre en la tierra cuando era un niño, y luego un adolescente, y más tarde un joven hasta que llega a ser un adulto. ¿Y no es esto vivir el silencio evangélico, Juan? ¿Por qué no lees el evangelio desde esta perspectiva, la de seguir a Jesús como lo sigue su padre hasta que empieza la vida pública y muere esperando el reencuentro con Él? A eso te invito, Juan, hazlo esta tarde. El evangelio de hoy es muy providencial. Métete en él y déjate llamar por nombre propio por mi Hijo. Te ama. Te llama por tu nombre. Te da una vocación preciosa. ¡Ser un joven que vive muy cerca de Jesús!

Hazlo, Juan, verás como todo es diferente. Todo cambia cuando uno escucha la voz de mi Hijo y se deja llevar por Él. Es puro evangelio, es vivir el silencio evangélico, es decirle a mi Hijo que quieres hacer lo que Él te pida, que quieres ser su apóstol en medio de tantos jóvenes que no le conocen, que no leen el evangelio, que no acuden ni siquiera un domingo a misa y que no saben lo que es el silencio evangélico. Juan, esta tarde haz vida todo lo que dice san Francisco y lo que tu padre te añade ahora: ¡Escucha a mi Hijo en silencio evangélico! Te quiero mucho, tu padre,

San José

Silencio magisterial

24-1-2024

Querido hijo, querido Juan:

No sabes lo que disfruto cada noche cuando te veo leer unas pocas páginas de un libro antes de irte a dormir. Es algo que haces desde hace tiempo como joven universitario. Esta lectura, querido hijo, te ayuda a vivir el silencio, a meterte en el silencio, a gustar el silencio. Además, te forma, te instruye en tu vida de fe. No son libros de poca monta, sino de mucho peso. El mismo que ahora estás terminando, *Jesucristo según el Antiguo Testamento y según los Evangelios*, da para mucho. Nada menos que profundizar en la vida y mensaje de Jesucristo de modo directo en los libros de la Sagrada Escritura. Acercarte a Cristo, mi Hijo, es lo mejor que puedes hacer en tu vida, Juan. Te lo digo como me sale del corazón y sabes que te quiero mucho y busco lo mejor para ti. A las diversas actividades espirituales que practicas con mucha frecuencia, se suma la lectura de libros que te adentran en el conocimiento, amor y seguimiento de mi hijo Jesús. Esto es el centro de toda alma que busca la santidad de vida. Y ahora, querido hijo, voy a hacerte una pregunta, todos esos libros que lees y que tanto te ayudan porque son auténticos manuales de teología y vida espiritual, ¿de dónde nacen? ¿conoces su origen? ¿te has puesto a pensar alguna vez dónde beben los que escriben esos libros que abren tu corazón a Dios?

¿Tienes la respuesta, Juan? Creo que sí. ¡El silencio! Sí, Juan, el silencio es el lugar donde nacen y tienen su origen estas obras tan buenas y necesarias para todo católico que quiere madurar en la fe. Pero los libros no surgen de la nada. Alguien los ha pensado y puesto por escrito para bien de todos los que los lean. El que escribe libros de fondo doctrinal y espiritual vive como tú, querido hijo, en silencio interior. Sin silencio es imposible escribir dichos libros. Hay que distanciarse, buscar la soledad y rezar. Rezar mucho en silencio y lejos del ruido. Así nacen, se escriben y se leen estas obras que tanto te ayudan, Juan. ¿Vas viendo por dónde te llevo?

Una cosa son los libros que tienes que estudiar en las clases de ingeniería, pero otra cosa son los libros que llenan tu corazón con enseñanzas magisteriales que te dejan en suma paz para dormir como un niño recién nacido. Son como esos cuentos que te ayudaban a dormir en tu infancia. En cada edad y etapa de la vida conoces y lees libros diversos. Pero cuando llegas a la juventud, y una juventud muy madura como la tuya, los libros cambian por completo ya que los puedes leer tanto a los veinte años como a los cuarenta, como a los setenta. Eso es porque son obras de mucho peso que ayudan a mirar siempre al cielo. Una persona adulta y llena de Dios como tú, querido hijo, busca siempre este tipo de libros y al leerlos, se encuentra con un silencio muy especial, el silencio magisterial.

Es otro silencio que ojalá algún día vivas en primera persona. Ahora lo conoces por el fruto que da dicho silencio. Por eso es importante conocerlo a fondo, Juan. Estos silencios de los que te voy hablando no puedes vivirlos en conjunto. No es posible, pero sí conocerlos y aplicarlos a tu vida porque te ayudan y porque según pasen los años puedes ir viviendo unos y entrando más en otros, y soñando con los que algún momento te gustaría vivir en plenitud. Esto es clave a la hora de leer estas cartas querido hijo. En esta carta quiero que te metas en el silencio que viven los que han escrito esos libros que lees por las noches. ¿Crees que esos autores pueden hablar de fe, historia, teología, Sagrada Escritura y todos esos temas que tanto te apasionan si antes no han hecho silencio interior que deriva en silencio magisterial? ¡Aquí quería llegar hoy, Juan!

Vamos a entrar en el silencio magisterial. Ese silencio que es condición necesaria para todo trabajo intelectual serio y espiritual. En este campo los maestros de maestros son los dominicos, esos frailes que funda santo Domingo de Guzmán para predicar y mostrar la verdadera doctrina católica frente a las herejías que asolan la Europa del siglo XIII. Además, santo Domingo, nacido en Caleruega, Burgos, el año 1170, es quien nos regala el rezo del rosario. Oración y silencio meditativo de los misterios de la vida de Cristo para luego predicar en las eucaristías, dar clases en las universidades y escribir libros de elevado nivel intelectual y espiritual. Esta es la vocación de un fraile dominico. El título oficial de esta orden de frailes lo deja muy claro, Orden de Predicadores. Es lo que hacen los dominicos, llevar a otros la doctrina del evangelio para crecer en la unión con mi Hijo. Ahora seguro que entiendes mejor el libro que esta semana vas a terminar de leer. Un libro que te lleva a Jesús porque el autor antes ha hecho suyo el silencio magisterial.

Es la base, Juan, y lo que tienes que conocer de verdad para seguir creciendo como buen hijo que hace caso siempre a su padre. Mira, Juan, hay un dominico muy famoso, Melchor Cano, que define con gran maestría el silencio magisterial: «El silencio, padre de los predicadores». Este fraile dominico de la escuela de Salamanca tiene muchos escritos realizados en el siglo XVI, pero esta frase es crucial. No hace falta añadir nada más, Juan. Es la mejor manera de acercase a esos grandes maestros de la doctrina y del espíritu. Si se unen las dos realidades, nos encontramos de lleno con letrados y espirituales, así los define Santa Teresa. Unos centrados en el estudio académico y otros en la vida interior del espíritu. Pero para llegar al corazón hay que fusionar las dos experiencias de vida. Y eso es posible a partir de esa frase del P. Melchor Cano.

Padre de muchos hijos. Aquí me tienes, Juan. Es tu padre san José quien te escribe y quien te presenta a otro padre que no es persona, sino un modo de vida que engendra nuevos hijos cuando lo buscan, lo encuentran y lo hacen suyo. El silencio magisterial. Así es de real, querido hijo. Juan, quiero que conozcas bien este silencio porque llevo en mi corazón que algún día vas a vivirlo en primera persona con la escritura de algún libro de vida espiritual. Sería para mí el mayor regalo... ¿Y para tus padres y hermanos y amigos más cercanos? ¿Qué dirían si cuando llegues a los treinta años regalas a todos ellos un libro que ha brotado del silencio magisterial? Es un sueño que puede llegar a ser realidad. No lo descarto y se lo pido a mi Hijo, que ponga en tu corazón esos deseos santos de vivir el silencio magisterial para mostrar lo que llevas dentro: ¡el amor a Jesús Eucaristía!, ¡la unión con María! y ¡la gran devoción a san José! Ahí te dejo temas para escribir en silencio magisterial. Esto no me lo invento, sé que lo vives con mucha intensidad espiritual y que según pasen los años y sigas creciendo como persona, hijo de Dios y buscador del silencio, puede llegar el día en que todo eso que experimentas por dentro, y lo que todavía no has llegado a vivir, lo puedas poner por escrito en un libro que ayude a otros jóvenes, como tú ahora, a empezar este camino de búsqueda y seguimiento de mi Hijo. Juan, ¡lleva a tus amigos al silencio! ¡Sé feliz! ¡Espera en Dios! ¡Corre! ¡Ama! ¡No te sueltes de mi mano ni de la de María! ¡Sueña con escribir algún libro espiritual!...

Tener un padre es todo en la vida. Sabes por propia experiencia por alguno de tus amigos más cercanos lo que supone perder a un padre porque no vive su vocación de esposo y padre. Duele mucho, destroza una familia, deja heridas profundas, se nota su ausencia, se crece de otra manera en el hogar... Pues todo eso sucede cuando alguien no se deja llevar por el padre del que te hablo en esta carta, el silencio magisterial. Un predicador no puede ser tal si no es buen hijo del silencio magisterial. ¿Qué va a proclamar en el púlpito de la iglesia, en la cátedra de la universidad o en las páginas de un libro aquel que no conoce ni quiere ni busca el silencio? ¿Qué vida hay en esas enseñanzas, querido hijo? Algo de esto has experimentado cuando ves la diferencia que hay de unos libros a otros, de unas homilías a otras y de unas clases a otras. Todo lo que no lleva el sello del silencio magisterial carece de fuerza, de luz y sobre todo de lo más importante, de vida. Una vida que contagia y que hace ver a todos que no se puede vivir sin silencio.

No hay vuelta de hoja, Juan, el silencio es padre de predicadores. Lo vamos profundizando cada vez más según lees estas líneas. Llamar padre al silencio es mostrar la grandeza y autoridad que tiene el silencio y llamar hijos a los que se dejan llevar por el silencio muestra que no puede haber hijos si no nacen de su padre. Aquí se une todo para decir a los cuatro vientos que los hijos del silencio son los mejores predicadores. Y puedes añadir también que lo es de los mejores profesores y escritores. Todo va unido, Juan, en la vida espiritual. Un hombre llamado por Dios a dejarlo todo para dedicar su vida a llevar almas a Dios es hijo del silencio. No se puede abandonar todo si antes no se ha encontrado uno con alguien que le da todo, ¡el Padre Eterno! Y este Padre Eterno habla en silencio y el silencio se concreta en un silencio magisterial. Y de este silencio magisterial salen las mejores obras de toda la historia de la humanidad. Reta a algún amigo que estudie historia o literatura a que encuentre algún autor que sea de alta calidad literaria, doctrinal y espiritual y que no haya llevado una vida de silencio. Seguro que no encuentran ninguno y tienen que darte la razón.

Ser padre… ser hijo… ¡y en medio como punto de unión entre padre e hijo, el silencio! ¿Lo ves más claro así, Juan? ¿A qué cada vez te dan más ganas de empezar a vivir el silencio magisterial para expresar lo que arde dentro de tu corazón? Pues no te conformes con esto, Juan, vete más allá, es lo que siempre te digo como padre que tanto te quiere. ¡Empieza! Haz la prueba; este fin de semana, cuando tengas un momento de oración en silencio, pide a tu padre que te escribe estas cartas que te ayude a ser hijo del silencio magisterial. Luego deja al Espíritu Santo que te encienda en su ardor para poner por escrito las maravillas que experimentas cuando estás a solas con mi Hijo en silencio. ¡Vamos, Juan! ¡Puedes! ¡Sabes! Solo falta el último paso. ¿Quieres?

Ya ves todo lo que puede salir de una simple frase, pero con mucho sentido y provecho. Todo es para tu bien, para que sigas creciendo en silencio interior y abras tu corazón a cada uno de estos silencios que iluminan tu vida para crecer en el camino de la fe, esperanza y amor a ese Jesús que tanto te quiere y te espera siempre a que vayas a visitarlo de noche, cuando todos hacen ruido y tú, querido hijo, buscas lo mejor, el silencio. Es lo que te diferencia de tantos jóvenes que son ajenos a esta realidad; lo bueno es que no estás solo en este itinerario. Lo sabes bien y prueba de ello es lo que acabas de hablar con tu hermano Ángel cuando lo has llamado para felicitarle en el día de su cumpleaños. Ha sido un diálogo muy de hermano a hermano donde sin saber lo que te iba a escribir hoy, ha salido el tema del silencio.

Cuando habéis entrado en temas más personales después de la felicitación y preguntarle cómo ha vivido con sus compañeros en el colegio este día tan especial para él, te ha dejado a cuadros al comentarte que él también está acabando un libro. Te decía que lo que más le ha sorprendido y según lo leía veía que así es en realidad, es la importancia del silencio para todo. Ese libro que tú ya has leído hace tiempo y que te ha gustado mucho, es una puesta en práctica del silencio magisterial para los que comienzan a acercarse al silencio. *La casa de San José*, así se titula el libro, habla de los santos del Carmelo Descalzo, de jóvenes que buscan a san José y de san José que une a unos y otros. Todo comienza con el silencio y termina en silencio. Es una novela para jóvenes y también para todo aquel quiera conocer cómo los carmelitas descalzos profesan una devoción especial por el que ahora te escribe esta carta. Está escrita desde el silencio. Cada capítulo se ha redactado teniendo antes una hora de adoración ante mi hijo Jesús. Luego se conjugan los personajes y salen los capítulos del libro. Pero sin silencio esta novela que tanto te gusta no hubiera visto la luz. Vamos a recordar algunos párrafos:

> «Ramón es ajeno a todo lo que pasa en el monasterio de San José. No tiene ni idea ni tampoco muestra ningún interés por ello. Al revés de lo que vive José que ve trabajando a Ramón cuando sube también la calle de las Madres para ir a la misa del primer día de la novena que empieza esta tarde. Coincide con el día en que Santa Teresa tiene la visión de la Virgen y San José que le visten de blanco y le ponen un collar de oro. José se acerca poco a misa. Tiene que dar un paso en la vida y no sabe qué hacer. Duda. No tiene un proyecto de futuro. Busca el silencio. Quiere estar unos días tranquilos y ha decidido venirse a Ávila porque se acuerda que esta es la ciudad de Santa Teresa y en cierto modo también de san Juan de la Cruz. A los dos los conoce un poco de oídas. Le ha hablado de ellos un fraile carmelita descalzo que conoce y que le ha invitado a que haga silencio dentro de él. Así puede escuchar la voz de Dios y tomar una opción en su vida. «Sin silencio no se puede hacer nada». Eso a José se le ha quedado en su corazón. No lo entiende bien y busca el silencio para ver qué pasa y cambiar su vida. Pero en una iglesia. Quiere estar a solas en una iglesia de Ávila donde poder preguntar a Dios qué tiene que hacer el curso que viene, no tiene las cosas claras y no sabe si estudiar o ponerse a trabajar. Entra en la iglesia de San José esa de la que le ha hablado su amigo carmelita y siente el frescor de la piedra. ¡Da gusto entrar! Además,

está expuesto el Señor. ¡Hay adoración al Santísimo! ¡Cuántas veces ha orado así cuando vivía con más fe su vida cristiana! Ahora anda alejado, pero no del todo. Se queda en silencio.

Lo que ha hablado con ese fraile empieza a vivirlo en primera persona. Lo ha vivido antes, pero lo había dejado de lado. Ese silencio que habla solo cuando se está ante Dios cara a cara es lo más grande que hay. ¡Es la música callada y la soledad sonora que dice San Juan de la Cruz! José hace silencio, contempla, ama y se deja amar por Dios que está ante él de un modo único. Empieza a sentir la paz que no tiene, que le falta y que tanto necesita y busca y no era capaz de encontrarla. ¡Por fin empieza a experimentarla! ¡El silencio da paz al alma y al corazón! ¡Todo se sosiega! ¡Jesús Eucaristía y José cara a cara se hablan, se aman y se alegran de volver a estar unidos de nuevo! Del corazón de José brota un agradecimiento muy grande y reconoce que todo es fruto de ese momento de oración en silencio ante el Santísimo. ¡Cuántas gracias da por regalarle este momento! ¡Vuelve a su ser! ¡Y en qué lugar! ¡En el primer monasterio dedicado a San José! ¡En el lugar del nacimiento del Carmelo Descalzo! ¡En la iglesia que Santa Teresa de Jesús deja como primogénita de sus palomarcitos que funda por toda España!» (*La casa de San José* pp. 26-27).

Con el recuerdo de esa lectura te despides de tu hermano Ángel, que empieza a vivir también el silencio. Ayúdale, Juan. Eres su hermano mayor, muéstrale cómo realmente el silencio es padre de predicadores. Camina con él y reza con él cuando estéis juntos en casa y empezad así a ser hijos del silencio magisterial. Es mi deseo para ti en este día y también para tu hermano Ángel en un día tan especial para él. Y hablando de despedidas me despido también por hoy. He querido escribirte a estas horas de la tarde, cuando te echas la siesta, después de hablar con tu hermano, para que al despertar te encuentres con esta carta que te animará mucho y te ayudará a coger fuerzas para ponerte a estudiar en esta tarde en la que preparas el último examen de este primer semestre de tercero de Ingeniería

Industrial. Lo tienes mañana. Este fin de semana va a ser muy especial. No tendrás que estudiar, vuelves a casa, vas a tener paz y podrás hablar con Ángel del silencio magisterial, mientras los dos ponéis la mirada en aquel que tanto os quiere y es padre de todos, tu padre y el padre de Ángel, que hoy celebra su cumpleaños con gran alegría,

San José

SILENCIO CONTEMPLATIVO

31-1-2024

Querido hijo, querido Juan:

¡Cómo ha cambiado todo en una semana! De estar angustiado, agobiado y agotado por el final de los exámenes a estar en la mayor paz al haber terminado todo con buen resultado y estar el fin de semana en casa con tus padres y tu hermano Ángel. Has vuelto ya a la ciudad donde estudias. Otra vez es miércoles, de noche, recién empezado el día y llevas un rato durmiendo. Lo necesitabas tanto Juan… Tienes que recuperarte bien después de tanto esfuerzo, tensión, trabajo y horas y horas de estudio que has dedicado para preparar bien los exámenes. Y su fruto lo tienes presente, lo disfrutas y lo compartes con tu familia y amigos más cercanos. Es hora de descansar y dejar todo en mi Hijo. Te queda por delante el segundo semestre antes de llegar el verano en que habrás terminado tu tercer curso en la universidad. Hay meses por delante y cartas que te van a seguir llegando de sorpresa. Vas entrando en el silencio cada vez más y mejor, Juan. Se nota que lo que te digo lo pones en práctica y lees lo que te recomiendo. Vas haciendo un curso académico y al mismo tiempo espiritual para conocer y entrar en la vida de silencio interior que tanto bien hace a tu alma y también a tu cuerpo porque te ayuda a afrontar todo de otro modo.

Tenemos que seguir con estas clases sobre el silencio para completar bien el programa que tengo pensado para ti. Juan, hoy te presento un silencio muy importante, es quizá el más importante de todos, el contemplativo. Muchos de los silencios de los que te he hablado ayudan a llegar a este tipo de silencio y los que te quedan por conocer también. Es un silencio único, Juan... Un silencio que llena y transforma el corazón del que lo vive con pasión. Y tú, querido hijo, con tan solo veinte años, lo empiezas a vivir de un modo muy profundo. Juan, estás lleno del amor de mi Hijo. Lo sé muy bien, no lo puedes ocultar, es algo que se nota en tu manera de vivir, de hablar, de afrontar tus problemas, de dar un paso importante en tu vida... Para ti, querido hijo, mi hijo Jesús es el centro de tu corazón. Has llegado hasta ahí porque sin darte cuenta y sin saberlo bien, practicas desde hace tiempo el silencio contemplativo. Es el silencio que busca la unión con mi Hijo, y no solo eso, sino también la vida de cielo, la santidad, el querer estar siempre cerca de ese Dios vivo que se hace carne y se queda entre los hombres hasta el fin de los tiempos escondido en la Eucaristía.

Hay muchos santos que han vivido y escrito maravillas sobre el silencio contemplativo, pero hay alguien que sobresale entre todos. ¿Sabes quién es, Juan? Una santa que quiero mucho por varias razones. ¿Lo tienes ya? Te he hablado de alguna de sus hijas cuando comenzaba esta serie de cartas ¿Ahora sí? Pues si tienes alguna duda todavía te las quito todas, Juan. Me refiero a santa Tereas de Jesús, esa santa que nace en Ávila en 1515 y muere en Alba de Tormes (Salamanca) en 1582, funda la Orden del Carmelo Descalzo primero con sus hijas, las monjas carmelitas descalzas, y poco más tarde los frailes carmelitas descalzos para que atiendan a sus monjas y lleven el amor de Dios vivido en silencio contemplativo predicando por calles y plazas, mientras las monjas oran por la salvación de todas las almas. Es un carisma apasionante Juan... Te decía que la quiero mucho por varios motivos. Uno de ellos por la grandeza de sus escritos donde nos deja en herencia un legado precioso de vida espiritual y donde nos muestra la grandeza del silencio contemplativo, cómo lo vive ella y cómo podemos llegar a vivirlo si nos dejamos llevar por sus consejos. Tienes que leer sus libros, Juan. Lo que más me llena el corazón de gozo, cuando hablo de ella, es porque me dedica su primera fundación, *San José de Ávila*, casi todos los conventos que funda por media España los pone bajo mi amparo. Y deja una huella de amor a mi persona de tal grado tanto entre las monjas como en los frailes, que allí donde hay un hijo de Santa Teresa, hay una presencia viva de san José. Haz la prueba, cada convento de carmelitas que visites, búscame, seguro que me encuentras en la iglesia y al hablar con los que dan vida a esa casa. Eso lo sabes por los conventos que vas conociendo y por los libros que ya has leído, como el que te recordaba el otro día, *La casa de San José*. Pero vamos al silencio contemplativo que me voy del tema de tanto hablar de mi querida Santa Teresa que ha venido corriendo al oír que hablo de ella. Aquí estamos los dos velando tu sueño.

Mira, Juan, Santa Teresa te va a guiar como maestra de silencio, oración y contemplación hacia la unión con Jesús. Es eso el silencio contemplativo, una escuela donde uno va dando pasos hacia el encuentro vivo, real y transformante con mi Hijo. Según se avanza al profundizar en este silencio, más frutos espirituales se consiguen. Vamos a hacer una cosa, Juan. Te voy a presentar tres párrafos sublimes sobre el silencio contemplativo escritos por la santa abulense. Tomo uno de cada uno de los tres libros más importantes que ella escribe. Empezamos por *Vida*:

> «¿Qué más queremos de un tan buen amigo al lado, que no nos dejará en los trabajos y tribulaciones, como hacen los del mundo? Bienaventurado quien de verdad le amare y siempre le trajere cabe sí. Miremos al glorioso San Pablo, que no parece se le caía de la boca siempre Jesús, como quien le tenía bien en el corazón. Yo he mirado con cuidado, después que esto he

> entendido, de algunos santos, grandes contemplativos, y no iban por otro camino. San Francisco da muestra de ello en las llagas; San Antonio de Padua; San Bernardo se deleitaba en la Humanidad; Santa Catalina de Sena...» (*Vida* 22,7).

Este capítulo de *Vida* 22, querido hijo, tienes que leerlo completo. Te introduce en una gran realidad espiritual que es fundamental en toda vida de oración y de crecimiento en el silencio interior: la Humanidad sacratísima de Jesús, como dice la misma Santa Teresa. Juan, hacer silencio para unirte a mi Hijo en su sagrada Humanidad es algo que te desborda y deja fuera de juego... Mi Hijo es Dios, pero también hombre, se hace hombre para mostrar al hombre cómo tiene que dirigirse a Dios y cómo tiene que entablar la relación con Dios. Qué te voy a contar de todo esto al ser quien tiene la gran dicha y privilegio de llevarlo entre mis brazos, trabajar con Él en el taller, ver cómo se cansaba, sudaba, comía conmigo y con María, ayudaba en todo lo que podía, y también dormía y descansaba. Todo como tú, Juan, pero sabiendo que ese Niño que nace en Belén y va creciendo como todo niño hasta hacerse un joven y luego un hombre adulto, es el mismo Dios encarnado... Esto es sublime Juan... El silencio contemplativo te ayuda a entenderlo, vivirlo y disfrutarlo en el buen sentido. Es algo tan natural y a la vez tan sobrenatural, Juan... Espera, Juan, que sigue la Madre Teresa hablándote de cómo acercarte a Jesús en su Humanidad si haces silencio contemplativo:

> «Nosotros no somos ángeles, sino que tenemos cuerpo. Querernos hacer ángeles estando en la tierra es desatino. [...] En negocios y persecuciones y trabajos, cuando no se puede tener tanta quietud, y en tiempo de sequedades, es muy buen amigo Cristo, porque le miramos Hombre y vémosle con flaquezas y trabajos, y es compañía y, habiendo costumbre, es muy fácil hallarle cabe sí, aunque veces vendrán que lo uno ni lo otro se pueda» (*Vida* 22,10).

¿No es esto lo que has hecho todo este tiempo que has estudiado tanto, Juan? ¿No te has encontrado con mi Hijo en medio de tanto trabajo, esfuerzo, cansancio… y has visto que estaba contigo? Eso es porque hacías silencio dentro de ti, lo buscabas en tu corazón y ahí estaba contigo, *cabe ti*, como dice Santa Teresa. A tu lado, muy cerca de ti, dentro de ti y al mismo tiempo estudiando contigo en la habitación. ¡Ese es mi Hijo Jesús, querido Juan! El que siempre está a tu lado cuando peor lo pasas y parece que estas solo, que te falta alguien que te dé un abrazo cuando no te sale un problema de Fluidos o cuando miras el calendario y ves que todavía quedan dos semanas de exámenes… En esos momentos, un abrazo, una palabra de aliento, un soplo de espíritu te renueva y te lanza a seguir adelante como joven que sabe que Dios está con él y por eso puede hacerlo todo. Esta experiencia es posible gracias al silencio contemplativo, Juan. Si no te callas y contemplas dentro de ti la cercanía de mi Hijo contigo, no es posible vivir momentos tan renovadores. Es lo que empiezas a vivir cada vez más y con más intensidad. ¿Y sabes por qué, querido hijo? La respuesta es muy fácil: porque lo buscas también presente en la Eucaristía. Haces silencio contemplativo en adoración ante mi Hijo escondido bajo la forma de pan. Te callas, te pones de rodillas y le adoras… ¡Eso es silencio contemplativo! Y vives la comunión también del mismo modo.

Por eso, querido hijo, ahora que ya estás preparado, es cuando puedes y debes leer el *Camino de perfección* para orar de verdad al Padre según te enseña mi Hijo, con el Padrenuestro, es lo que hace Santa Teresa cuando sus hijas le piden ayuda para rezar. Ella se pone a rezar el Padrenuestro y lo deja por escrito. Todo es silencio contemplativo. Todo es estar con mi Hijo al contemplar en silencio lo que tenemos delante o dentro de nosotros al haber comulgado… Mira lo que dice al llegar al «danos hoy nuestro pan de cada día»:

«Mas acabando de recibir al Señor, pues tenéis la misma persona delante, procurad cerrar los ojos del cuerpo y abrir los del alma y miraros al corazón; que yo os digo, y otra vez lo digo y muchas lo querría decir, que si tomáis esta costumbre todas las veces que comulgareis, y procurad tener tal conciencia que os sea lícito gozar a menudo de este bien, que de muchas maneras no se dé a conocer, conforme al deseo que tenemos de verle. Y tanto lo podéis desear, que se os descubra del todo.

Mas si no hacemos caso de Él, sino que en recibiéndole nos vamos de con El a buscar otras cosas más bajas, ¿qué ha de hacer? ¿Hanos de traer por fuerza a que le veamos que se nos quiere dar a conocer? No, que no le trataron tan bien cuando se dejó ver a todos al descubierto y les decía claro quién era, que muy pocos fueron los que le creyeron. Y así harta misericordia nos hace a todos, que quiere Su Majestad entendamos que es Él el que está en el Santísimo Sacramento. Mas que le vean descubiertamente y comunicar sus grandezas y dar de sus tesoros, no quiere sino a los que entiende que mucho le desean, porque éstos son sus verdaderos amigos.» (*Camino de perfección* 34,12-13).

Juan, no se puede explicar mejor. ¿Ves por qué te decía al inicio de esta carta que Santa Teresa es una de las santas que más quiero? Es una maestra como pocas que te enseña con una pedagogía única lo que es el silencio contemplativo y los frutos espirituales de dicho silencio. Cerrar los ojos del cuerpo y abrir los del alma cuando mi Hijo acaba de entrar en tu cuerpo al haber comulgado... ¿Hace falta seguir, Juan? Con esta primera frase de ese párrafo del *Camino* tendrías para horas y horas porque es lo que haces cada vez que vas a misa. Y lo mismo cuando acudes a la adoración. Pero ahí de otro modo, porque no cierras los ojos del cuerpo, sino que ¡los mantienes abiertos y abres también los del alma!

Y al hacer y vivir el silencio contemplativo, querido hijo, es cuando mi Hijo se muestra del todo, no te oculta nada, sino que te llena de sus grandezas que tiene reservadas para los que le quieren de verdad y en silencio contemplativo entran en diálogo íntimo con Él. Ese es el camino, Juan. El que has comenzado y ahora, a tus veinte años, sigues disfrutando mucho de él. Todo porque esto que te dice Santa Teresa lo vivías sin haberlo leído antes, pero sabías que era lo que tenías que hacer. Ahora lo ves confirmado y detallado por alguien que muchos años antes que tú, querido hijo, se dejó llenar del amor de mi Hijo frente a la eucaristía, haciendo silencio contemplativo al mismo tiempo que tenía en su corazón la grandeza mayor que no es otra que contemplar la Sagrada Humanidad de Cristo Jesús... Todo nace del silencio, Juan, y cuanto más silencio contemplativo, más unión con mi Hijo y más luz en tu corazón. Esto y mucho más es el silencio contemplativo, Juan...

Si seguimos leyendo a Santa Teresa, tenemos que ir a su *Castillo interior* o más conocido popularmente como *Moradas*. Es un libro que te ayuda a conocerte, a entrar en tu alma y a recorrerla hasta que al final aparece el Rey del Castillo que es mi Hijo. Tienes que pasar muchas moradas, dice ella, habitaciones para que lo entiendas mejor. Vete recorriendo una a una al leer y hacer tuyo el *Castillo*, Juan. Y cuando pases de la quinta morada, ten cuidado porque te vas a quedar prendado de un amor que te envuelve y supera más que cualquier amor humano porque es el amor divino que queda descrito en las últimas moradas del *Castillo interior* de Santa Teresa. Cuando uno lee en silencio contemplativo esta obra le puede suceder lo que ella misma relata en las sextas moradas:

> «Estámpanse en la memoria de manera que de sólo ver al señor caído con aquel espantoso sudor en el Huerto, aquello le basta para no sólo una hora, sino muchos días, mirando con una sencilla vista quién es y cuán ingratos hemos sido a tan gran pena; luego acude la voluntad, aunque no sea con ternura, a desear servir en algo tan gran merced y a desear padecer algo por quien tanto padeció y a otras cosas semejantes, en que ocupa la memoria y el entendimiento» (*Castillo interior* 6,7,11).

Silencio. Dolor. Angustia. Soledad. Sufrimiento. Agonía. Sudor... Todo eso y mucho más acontece en el Huerto de los Olivos cuando mi Hijo se prepara para la Pasión. A Santa Teresa le encanta acudir a esta escena para rezar y dialogar con mi Hijo porque como está solo y agradece toda compañía es uno de los mejores momentos para acercase a Jesús, porque te va a hacer más caso al sentirse tan solo, tan abandonado, tan desamparado... Él vive el silencio contemplativo porque le ayuda a decir sí a lo que le espera. Lo mismo que tú, querido hijo, y todos aquellos que en los momentos más duros de la vida se abren a Dios. Acude siempre al Huerto de los Olivos y cállate, Juan. Cállate y haz silencio contemplativo. Luego habla con Jesús y comparte tu dolor, verás que lo tuyo no es nada comparado con lo suyo. Aquí está el punto magistral de Santa Teresa, que sabe llevarte hasta el corazón de mi Hijo cuando más te busca, te llama y desea estar contigo para unirte a Él y subir con Él hasta lo alto del monte Calvario...

Juan, hacer silencio contemplativo con esa escena, como dice Santa Teresa, da para muchas horas. Horas y horas de silencio contemplativo con Jesús en Getsemaní cambia la manera de vivir. Cambia porque contemplas, callas y dejas a Dios hablar dentro de ti. Ahora querido hijo, une los tres textos y verás que todo desemboca en el silencio contemplativo: la Humanidad de Cristo, la presencia de mi Hijo en la Eucaristía y la meditación contemplativa de la Oración en la Huerto de los Olivos te ayudan a darte cuenta que tienes que vivir de otro modo porque ves que algo tienes que cambiar. Lo dice tu maestra de hoy, Santa Teresa, te unes a mi Hijo y quieres padecer, ofrecer, darlo todo a semejanza de Jesús que lo entrega todo en su Pasión. Y, lo que es más, tus pecados salen a la luz y puedes hacer un examen de conciencia mucho mejor si en silencio contemplativo te vas hasta el Huerto de los Olivos y pones ante mi Hijo todas tus faltas de amor a Él y a los que Él ha puesto en tu camino. ¿Ves la grandeza del silencio contemplativo, Juan? ¿Vas a empezar a leer a Santa Teresa para conocer mejor cómo vivir este tipo de silencio? ¿Vas a acompañar a mi Hijo siempre que puedas cuando suda sangre mientras sus amigos más queridos duermen sin saber lo que va a pasar? ¿Te comprometes a hablar de este silencio a tus familiares y amigos?...

Juan, seguiría escribiendo y presentándote maravillas de mi querida santa Teresa de Jesús y de la vivencia del silencio contemplativo, pero me callo para que seas tú el que ahora se pone a trabajar con todo lo que te acabo de decir. Juan, empiezas a vivir como la santa castellana, en silencio contemplativo y difundiendo la devoción y amor a mi persona. Allí por donde vas hablas como ella, de *Nuestro Padre San José*. Eso me encanta y me emociona mucho. Te lo dice el padre de Santa Teresa, el de todos los carmelitas que es también tu padre,

San José

Silencio iluminador

7-2-2024

Querido hijo, querido Juan:

Hoy he cambiado la hora de escribirte la carta adrede. Al despertarte no te has encontrado ningún folio sobre la mesa. He querido esperar a que te fueras a misa para hacerlo. Juan, cada vez me sorprendes más. Sabes que dentro de poco comienza la Cuaresma y hasta que llegue el día de mi fiesta no vas a poder tener misa votiva en mi honor. Guardar los miércoles para estar conmigo, para hacer silencio interior, para hablar de hijo a padre y, sobre todo para ir a misa siempre que puedes al tener en cuenta el horario de clases. Hoy tenías todo de tu mano y no has perdido la oportunidad. Es miércoles y además no hay ningún santo que celebrar, por tanto, sabes que la misa va a ser de San José. Más aún en el lugar en que la vives, el monasterio de carmelitas descalzas que tienes a dos calles de tu residencia, donde vas con mucha frecuencia a misa antes de ir a clase. Dice mucho de ti, querido hijo. Ese detalle de madrugar para ir a la celebración de la eucaristía como inicio de día de estudio en la universidad y trabajo en la habitación, muestra lo que vives por dentro. Y hoy es un día muy especial por eso, porque hasta el 19 de marzo no vas a poder decir que has tenido misa de San José que tanta fuerza, consuelo y luz te da.

Y de la luz que recibes en las eucaristías, adoraciones y momentos de silencio te quiero hablar en esta mañana. Son las 8:00, acaba de empezar la santa misa, llevas un tiempo en silencio preparándote a ello. Ahora te metes de lleno en unirte a mí por medio del santo sacrificio del altar, donde mi Hijo da todo por ti para que cada vez te acerques más a Él y descubras los tesoros que muestra a los que buscan el silencio interior. Juan, estamos tan unidos ahora... Tú mirando el altar y tu padre en tu mesa de trabajo. Cada uno dejándose llevar por el amor de Dios. Te veo junto a mi altar, nada más entrar a la derecha, ahí te pones siempre los miércoles y diecinueve de mes y muchos días. Al verte así Juan me emociono... Con solo veinte años y que lleves esa vida interior tan profunda y madura... El silencio te va ayudando mucho a crecer en este sentido. Vamos a entrar ya en el silencio de hoy, el iluminador.

Mira, Juan, el silencio iluminador lo tienes muy bien descrito en las obras de un gran santo, san Ignacio de Loyola. Este santo es uno de esos baluartes que surgen en la España del siglo XVI y al que acuden cientos y miles de almas que buscan refugio y luz ante los ataques del demonio y lo que no es de Dios desde aquellos años hasta nuestros días. Nace en Loyola, cerca de San Sebastián en 1491. Es un soldado aguerrido que cae herido en la defensa de Pamplona. Durante la convalecencia, la lectura de vidas de santos lo acerca a Dios de una manera sorprendente y comienza un profundo camino de conversión. Tras un tiempo de oración y penitencia por diversos lugares de España, estudia Teología en París. Mientras lleva adelante sus estudios en la capital de Francia conoce a varios compañeros con los que más tarde funda la Compañía de Jesús en Roma. Al final, después de varios años de una gran labor evangelizadora y de escritura, entrega su alma a Dios el año 1556 en Roma.

Pregunta a tu padre que estudió desde niño en el colegio de los jesuitas de tu ciudad y lo mismo a tu director espiritual. Ellos te hablarán un poco de lo que les contaban los jesuitas que les daban clase y celebraban la misa algún día entre semana en una capilla dentro del mismo colegio, en uno de los pasillos de las clases, al final. Allí tu padre, el que unido a tu madre te ha dado la vida, y tu padre espiritual, han vivido muchos momentos de silencio iluminador en la eucaristía, en oración y también en confesión. Todo eso forja, querido hijo, y ves cómo se hila lo que han vivido los que más te quieren para que ahora, después de muchos años, tú te acerques a mi Hijo con esa pasión con que lo haces siempre, buscando el silencio en tu corazón.

San Ignacio lo tiene muy claro, para escuchar la voz de mi Hijo, hay que hacer silencio, y el silencio da paso a la luz interior. El silencio interior ilumina de una manera impresionante el corazón del que busca a Dios. Eso es el silencio iluminador, querido hijo. El silencio que ilumina y deja todo el interior de la persona al descubierto para ver lo que está bien, lo que hay que mejorar y lo que hay que eliminar. El santo de Loyola ayuda a vivirlo en sus *Ejercicios espirituales*. Antes es bueno saber qué son estos *Ejercicios*. Lo define con maestría nada más comenzar su obra culmen:

> «Por este nombre, ejercicios espirituales, se entiende todo modo de examinar la conciencia, de meditar, de contemplar, de orar vocal y mental, y de otras espirituales operaciones, según se dirá adelante. Porque así como el pasear, caminar y correr son ejercicios corporales, por la misma manera todo modo de preparar y disponer el ánima, para quitar de sí todas las afecciones desordenadas, y después de quitadas para buscar y hallar la voluntad divina en la disposición de su vida para la salud del ánima, se llaman ejercicios espirituales» (*Ejercicios espirituales*, 1ª anotación).

Juan, se trata de cuatro semanas de profunda oración y silencio interior para dejar que la luz del Espíritu transforme al ejercitante, al que hace los ejercicios. Ahora sí que sí entramos ya en el silencio iluminador de modo directo. Estas cuatro semanas han de vivirse en silencio. ¡Cuatro semanas en silencio, Juan! Sí, así como lo oyes, y ahora lo vas a confirmar tú mismo. Junto a los *Ejercicios espirituales*, escribe otra obra, el *Directorio*, que es como una guía para el director de los ejercicios. Ahí deja asentada la importancia de vivir estos días en puro silencio iluminador: «Sea el lugar donde los ha de hacer cuanto menos pueda ser visto ni platicar con ninguno, dándose exactamente los ejercicios» (*Directorio*, capítulo 1, nº 2).

Estamos, querido hijo, entrando en el fundamento de la vida espiritual, hacer silencio interior para que Dios pueda hablar directamente al corazón. La luz del Espíritu Santo unida a la palabra de mi Hijo es el fruto de vivir en silencio iluminador. Ponte en situación, Juan. Un lugar solitario, una casa en medio de un gran jardín, varios ejercitantes y el director de ejercicios. Y lo primero que os dice es que sin silencio no se puede empezar, y menos seguir y mucho menos llegar al final. Es el ideal que lega san Ignacio para sus hijos, los jesuitas, para que dejen a la luz de Dios dar vida a su interior. Pero con el paso del tiempo ha quedado abierto a todos. También se puede hacer por semanas, es decir, hacer las cuatro semanas de los ejercicios repartidas en cuatro años seguidos. Lo que importa es vivir el silencio iluminador, Juan. Y no solo hacerlo en tiempo de ejercicios, sino de un modo natural, buscar el silencio para dejar que el silencio resuene en tu interior y te conforme con la voluntad del Padre. Todo está dirigido a ese fin, cumplir lo que el Padre de la gloria ha pensado para ti, y para todo aquel que busca la unión con mi Hijo.

Seguimos, Juan, que lo que viene ahora no te lo esperas. Sigues en misa con todos los sentidos puestos en la celebración sin sospechar lo más mínimo lo que ocurre en tu habitación. san Ignacio deja todo tan bien detallado y determinado de tal manera que hasta redacta unos estatutos propios para los colegios de jesuitas, para aquellos que se preparan a ser jesuitas una vez terminado el noviciado. Para que lo entiendas mejor, Juan, seminarios para jesuitas. Ahí en ese escrito, *Constituciones que en los colegios de la Compañía de Jesús se deben observar para el bien proceder de ellos a honor y gloria divina*, trata también del silencio, le da mucha importancia. Ya hemos hablado en otras cartas de la importancia de guardar silencio en la residencia, pero eso, Juan, sabemos que es un sueño inalcanzable en residencias y colegios mayores universitarios como los que conoces de primera mano. Por ello san Ignacio dicta esta norma para sus hijos:

> «El hablar de todos sea modesto y considerado y en tono bajo, y no demasiado, gastando en pláticas inútiles el tiempo, ni tampoco en horas intempestivas, como serían de estudio o recogimiento» (*Constituciones colegios*, Primera parte nº 32).

¿Te apuntas a ser seminarista jesuita y vivir así toda la carrera? ¡Cuántos jóvenes universitarios como tú, quisieran tener esa norma! ¡Qué importante es el silencio, querido hijo! Cuando leas esta carta esta tarde al terminar las clases, vas a querer vivir este silencio iluminador de verdad. Lo intuías, porque lo vives en momentos especiales, pero ahora tienes que aplicarlo a tu vida de joven estudiante en la universidad. Juan, empieza a vivir el silencio iluminador en tu habitación de la universidad, con el sentido de dicho silencio, para que todo lo que estudies en silencio sea para tu provecho, para que el silencio te ayude a estudiar, a memorizar, a desarrollar mejor los problemas de fluidos, electrónica o resistencia de materiales y llegar al resultado correcto de una manera más ágil y sencilla. Pero tienes que ir más allá, Juan. El silencio iluminador no solo es para esto, que no es poco, sino sobre todo para que, en esos momentos de estudio, en medio de tu residencia, con todo lo que te rodea, por dentro dejes paso a la luz del Espíritu Santo y a la voz de mi Hijo. ¡Así se estudia mucho mejor! ¡Y es más fácil! ¡Y da más fruto! ¡Y sacas mejores notas! ¡Y rezas!... Hasta aquí tienes que llegar, querido hijo. A vivir así tu vida de estudiante, recordando a aquellos jóvenes de tus años que hace casi cinco siglos deciden seguir a san Ignacio de Loyola y viven y estudian en colegios que los preparan a ser grandes predicadores, confesores, directores espirituales... Todo eso sin silencio iluminador desde joven es imposible, Juan. Viven en silencio iluminador para ver qué les pide Dios y cómo tienen que llevar a cabo la obra concreta que pone en sus corazones. No andan lejos de ti, Juan. Ellos querían ser jesuitas; tú, ingeniero industrial. Unos y otros buscáis lo mismo —¡el silencio interior en vuestras vidas!— y os encontráis con el silencio iluminador. ¡Adelante! ¡En marcha! ¡A caminar, Juan!

Está terminando la misa, acabas de ponerte en pie después de haber estado de rodillas durante la consagración y esperas con ganas que llegue la comunión. Esto va unido a lo que me queda por decirte, Juan. Mira, hemos hablado del silencio iluminador vivido en modo personal durante los ejercicios y en modo comunitario para convivir en un colegio que prepara a jóvenes buscadores de Dios en el silencio. Ahora queda una manera de vivir este silencio iluminador en que se mezclan las dos realidades. Vivir en silencio tanto personal como comunitario para tomar una decisión en conjunto. Los otros casos eran para elegir algo de tu persona y sacar adelante una carrera universitaria. Ahora se trata de algo muy distinto. Juan, te hablo de unirse un grupo de personas para elegir algo entre todos. Aquí se tiene que vivir también el silencio iluminador. Y otra vez el santo fundador de los jesuitas nos deja con la boca abierta de admiración. ¡San Ignacio pone por escrito hasta el modo en que ha de ser elegido el padre general! Sí, Juan, no se le escapa nada, todo queda recogido y bien recogido para que su obra quede en pie cuando él sea llamado al cielo y sus hijos la continúen con fidelidad generación tras generación.

Hoy también hay chicos jóvenes que se forman para ser jesuitas y viven en silencio iluminador. La obra de san Ignacio sigue adelante, aunque con muchos cambios y eso se nota. Les pasa igual a los carmelitas, dominicos, franciscanos, agustinos… al dejar parte de la esencia original, se pierde parte del fundamento y la vida comunitaria acusa la plenitud de fuerza y unidad. Pero eso es otro tema que ahora no viene al caso, Juan. Te lo digo de pasada porque lo ves y te das cuenta al ir abriéndote camino en tu vida interior y conocer diferentes modos de vida religiosa.

Volvemos al tema. En las *Constituciones de la Compañía de Jesús* encontramos el capítulo sexto que describe con sumo detalle *el modo de determinar cuándo se trata de elección de General* (nº 702). En este capítulo aparece la importancia del silencio para vivir de modo correcto y fructífero la elección del nuevo padre general. Tras cuatro días de diálogos y coloquios para conocer quién puede ser el llamado por Dios para este puesto: «[…] tendrán todos silencio en el encerramiento, en manera que uno no hable con otro en lo que a la elección toca (si no fuese alguna cosa que le pareciese necesaria, y delante de todos) hasta que sea elegido General».

Una vez hechas una serie de actividades preparatorias, llega el momento de silencio, de soledad, cada uno en su habitación, antes de hacer la votación. Se pide luz al Espíritu Santo para que sea Él, en unión con mi Hijo, quienes susciten un nombre para ser nombrado sucesor de san Ignacio. Es algo muy serio, importante y decisivo, querido hijo. Hay que ponerse también en situación. Por eso san Ignacio deja estas normas escritas. Sabe que es un momento clave en la vida de la obra que él pone en marcha para ser fuente de santidad y llevar a todos a la santidad, a dejarse iluminar por el silencio interior.

Acabas de comulgar, Juan, estás en silencio, en silencio iluminador, y esta carta se acaba. Date cuenta la importancia que tiene este silencio para cuando tomes decisiones importantes en tu vida tanto a nivel personal como comunitario. Puede ser que algún día hayas de tomar una opción importante en la empresa donde trabajes como ingeniero industrial. Hay dudas, grupos entre los compañeros con diversas opiniones, no se llega a una unión…, pero hay que decidirse en un tema clave para el futuro de la empresa y no tenéis luz. Entonces, querido hijo, acuérdate de esta carta, de lo que dice san Ignacio, de lo que te añade tu padre y procura promover, en la medida de lo posible, el silencio iluminador entre tus compañeros de trabajo. Será la clave para salir airosos del atolladero que podría llevar al cierre de la empresa, que es la fuente de vuestro trabajo y, por tanto, de sueldo para mantener vuestras familias. Hay que tener todo en cuenta, Juan. Y mirar siempre al cielo. No me cansaré nunca de recomendarte que mires siempre al cielo, para lo bueno y para lo malo. Mirar al cielo haciendo silencio interior cambia la manera de ver las cosas, ya lo sabes.

Y te lo pongo más difícil aún, querido hijo. Piensa este mismo caso, pero siendo tú el director de la empresa. Por un motivo repentino reconoces que Dios te pide algo y has de dejar este puesto por el bien de tu vida familiar. ¿Cómo te sientes por dentro? ¿Dónde buscas luz? ¿Hay paz en tu corazón? ¿Los trabajadores van a quedar afectados? ¿Es posible que no haya voluntarios? Tienes no veinte años como ahora, sino algo más de cincuenta y una familia que depende de tu trabajo, y muchos trabajadores que no saben qué hacer si dejas tu puesto… Pero ves en tu corazón, que lo primero es tu familia, tu mujer y tus hijos, que te necesitan, que no puedes dedicar tantas horas a la empresa sino a aquellos que Dios te ha dado para buscar unido a ellos, la vida de santidad. ¡Es lo más importante, querido hijo! Juan, de nada te vale ser un gran empresario como ingeniero industrial si no trabajas con la mirada puesta en Dios. Entonces, sumando todo esto, te planteas seriamente abandonar todo. Lo dices a todos los que te quieren y trabajan para llevar adelante la empresa que diriges. Y en esos momentos de incertidumbre para todos, te acuerdas de lo que pide san Ignacio a sus hijos para buscar sucesor, ¡silencio interior! Invitas a todos a tomar un día de descanso para que lo piensen, lo hablen en sus casas, hagan silencio y recen pidiendo luz al Espíritu Santo. Entonces pasado dicho día os reunís y dejas que todos hablen. No hablarán ellos, hablará el que los ha iluminado y a ti también, querido hijo. ¡Todos daréis una respuesta según el amor de Dios! ¡Todos habréis vivido el silencio iluminador! ¡Todos habréis mirado al cielo! ¡Todos tenéis la paz para dar el paso decisivo! ¡Todos habláis desde el corazón! ¡Todos ponéis un nombre en la sala!... Y… ¡Todos volvéis a casa felices porque lo imposible se ha hecho posible gracias al silencio iluminador!

Y ahora, Juan, sí que llega la hora de la despedida. Queda poco tiempo para que llegues. Estás junto a mi imagen y con el Cuerpo de mi Hijo en tu corazón. Tienes los ojos cerrados y abiertos los de tu alma. Te quieres quedar más tiempo en ese silencio que te envuelve y te ilumina en estos momentos tan especiales. Además, son los más importantes del día, pero tienes que venir cuanto antes a la residencia, desayunar rápido e irte a clase. Por eso te dejo, no vayas a pillarme si vienes corriendo. Seguimos muy unidos, querido hijo, te quiero mucho, cada día más… tu padre,

San José

Silencio beneficioso

14-2-2024

Querido hijo, querido Juan:

Otra vez te veo durmiendo después de un día de clase y estudio. Lo das todo, Juan. Te esfuerzas cada día y el descanso de la noche es muy necesario. Recuperas fuerzas para comenzar renovado la jornada. Y más esta noche, que es muy especial. Comenzamos la Cuaresma. Cuando te despiertes y te prepares vas a ir a clase y al terminar, os espera el capellán de la Escuela de Ingenieros para celebrar la misa donde vas a recibir junto a tus amigos y compañeros de clase la ceniza que ayuda a meteros de lleno en estos cuarenta días de preparación a la Semana Santa y la Pascua. Un tiempo de gracia donde has de buscar hacer siempre el bien. Un bien que te une a mi Hijo de manera especial. Mi Hijo y yo queremos lo mejor para ti, Juan. Que esta Cuaresma la vivas en silencio de verdad para poder escucharnos mejor. Haz siempre el bien, querido hijo. El bien manifiesta por fuera lo que vive uno por dentro.

Cuando leas estas líneas puede que te venga el recuerdo de lo que viviste el sábado. Para la mayoría de tus amigos y de la gente que viste lo importante era el carnaval, disfrazarse, salir por la calle, ir a ver el desfile, estar de fiesta todo el fin de semana..., pero de ahí no pasan. Todo eso nace de lo que viene después que es la Cuaresma. El carnaval tenía su sentido cuando la cuaresma se vivía con todo rigor de ayuno, penitencia, sacrificios, abstinencia de carne... Juan, todo eso era muy duro y el carnaval era una fiesta donde sea aprovechaba a comer carne, que ya no se podía hacer hasta la Pascua, se hacían fiestas y disfraces, pero siempre en buen tono. Nada que ver con el modo de celebrarse en estos tiempos...

Eso es lo que hace esa cuadrilla de chavales que te encuentras sin esperarlos para nada poco antes de doblar la calle para llegar a la residencia cuando vienes, pasadas las 00:30 de la madrugada del domingo, después un buen rato de adoración como te gusta tener cada sábado por la noche. La escena ha quedado grabada en tu corazón y sé que rezas por esos chicos que eran de tu edad más o menos. Un autobús hace parada y se bajan cerca de diez jóvenes disfrazados de frailes. Van con una túnica marrón que lleva capucha y con un cordón a la cintura; llevan además zapatillas blancas. Según empiezan a recorrer la calle, en sentido contrario al tuyo, saltan, dan gritos, corren, se paran de repente a bailar en corro haciéndose dueños de la acera, siguen dando botes y chillidos... Cada vez estáis más cerca, os cruzáis por el camino y ellos siguen en su mundo de fiesta, de ruido, de diversión, de estar perdidos en la vida sin ser conscientes de ello. Para ti, la noche termina; para ellos comienza. Tenéis los mismos años, pero no las mismas ideas ni proyectos. Tú, querido hijo, sabes muy bien lo que quieres y llevas una vida seria; esos chicos, como la mayoría, no saben qué quieren hacer en la vida y se dejan llevar por otros. Son esclavos sin saberlo creyéndose libres de verdad. Su dueño los maneja como quiere y para todo lo que quiere; y ellos son felices en un mundo de ruido que cada vez los esclaviza más y no les deja ver la grandeza y libertad de una vida de silencio donde uno ve todo con claridad suma y goza de una paz que ayuda mucho a afrontar los problemas de otro modo.

Estos chicos hacen ruido por la calle, Juan. Mucho ruido. Tú vas en silencio de vuelta de la adoración. No se dan cuenta casi ni de que pasas a su lado. El ruido no les deja ver más allá de la fiesta que les mueve a ir de un lugar a otro para disfrutar de una noche de ruido. Tu silencio te ayuda a verlos por dentro y darte cuenta de que ahí no puede haber ningún bien. El ruido y el silencio se contraponen y en medio queda el bien. El bien que te decía antes que tienes que vivir con más intensidad estos días de Cuaresma. Juan, «el ruido no hace bien; el bien no hace ruido». Esta frase podrías tomarla como propósito para esta Cuaresma. Es una de esas frases que dicen tanto en tan pocas palabras... No es mía, sino de un gran santo, san Vicente de Paúl. Este santo sabe mucho de ruido y de silencio, y del bien que uno puede vivir en silencio y del gran mal que se puede llegar a sufrir cuando el ruido no deja espacio al silencio.

Juan, san Vicente de Paúl sufre en su propias carnes el ruido de ser vendido en un mercado de esclavos, como un animal, cargado de cadenas, probado, subastado, abriendo la boca solo si se lo mandan de malas maneras como a un caballo para examinarlo el que quiere comprarlo... Todo eso en un ir y venir de gente que entre gritos y algarabía busca ganado humano, hombres que han sido hechos esclavos, rebajados de su propia condición humana, dejan de ser personas porque otros que no viven el silencio ni buscan el bien, los obligan a vivir en pleno ruido. Es lo que te puede ayudar a entender el silencio del que te quiero hablar hoy, querido hijo, del silencio beneficioso. El silencio que nace de hacer el bien y evitar el ruido. Es lo que vive un esclavo, aguantar el ruido mientras calla y hace silencio en su interior. ¿Ahora entiendes por qué te decía que esos chavales disfrazados de frailes eran esclavos? Unos y otros no son libres porque el ruido los domina. Unos creen ser libres por hacer ruido y otros se reconocen esclavos porque otros les imponen vivir en el ruido. Juan, «el ruido no hace bien». Esta frase de san Vicente es clave para que conozcas mejor su vida.

Atento a cómo describe en primera persona este sufrimiento físico y espiritual por la falta de silencio al ser convertido en esclavo:

> «El proceso de la venta fue así: después de habernos despojado de nuestros vestidos, dejándonos enteramente desnudos, nos dieron a cada uno un par de calzones, una casaca y un bonete. Después de habernos obligado a dar cinco o seis vueltas a la ciudad [Túnez] con la cadena al cuello, nos volvieron a la barca para que los compradores vinieran a ver quién podía comer bien y quién no y poderles demostrar que nuestras heridas no eran graves.
>
> Hecho esto, nos llevaron al mercado, adonde vinieron a examinarnos los compradores, lo mismo que se hace en la venta de un caballo o de un buey, obligándonos a abrir la boca para examinar la dentadura, palpando nuestras costillas, sondeando nuestras heridas y obligándonos a caminar a paso corriente, a trotar, a correr, a sostener pesadas cargas y luego a luchar para aquilatar las fuerzas cada cual, y otros mil géneros de brutalidades» (*Autobiografía* I, 5).

Este es san Vicente de Paúl después de caer prisionero de los turcos en un viaje en barco. Es llevado a Argel, donde vive lo que acaba de contarte él mismo en la *Autobiografía* que se elabora después con sus cartas y otros documentos de su mano. Juan, ¿te imaginabas un santo así? Pues espera que hay mucho más. Nace en Aquitania (Francia) en 1581. Es ordenado sacerdote y ejerce como párroco en París. Eso le abre a un mundo nuevo. Funda la Congregación de la Misión, cuyos miembros, los paúles, se dedican a formar a los sacerdotes y servir a los pobres. Y con la ayuda de santa Luisa de Marillac, funda la Congregación de las Hijas de la Caridad que son más conocidas que los paúles. A esta vida tan fructífera que termina el año 1660 en París, tienes que sumar otros muchos acontecimientos que te sorprenderán si lees su biografía. Luego te hablo de una en concreto, además de esta *Autobiografía*.

La vida de san Vicente es de novela, Juan. Su corazón busca llevar el amor de Dios a aquellos más desdichados, los huérfanos abandonados, los que nadie quiere atender, los que carecen de formación, los esclavos..., y también los galeotes, esos presos que en vez de ser condenados a muerte se les manda a remar en las galeras y viven en condiciones inhumanas, muriendo la mayoría de ellos de extenuación. No lo soporta, los visita, los conforta cuando están en las cárceles antes de ir a cumplir su condena. Ve que son los que más necesitan el silencio beneficioso en sus vidas. Al ver cómo atiende a los galeotes, el general de galeras pide al rey Luis XIII que sea nombrado capellán de galeras. Asume este nombramiento con todo su ser. A tanto llega el amor y el silencio beneficioso que San Vicente desarrolla en su tarea que cuando los misioneros que él funda, los padres paules, le preguntan si de verdad lo que se oye de él es verdad, responde con una sonrisa. Juan, mira lo que es capaz de hacer un hombre por el bien de otro hombre. Es un hecho heroico de silencio beneficioso:

> «Un día, cuando se dirigía el santo a visitar las galeras, tropezó en la playa con una mujer que traía la angustia retratada en su rostro. Interrogada por el santo, le confesó que su hijo acababa de ser condenado a galeras. Encontró al condenado enfermo, atado con cadenas y apaleado brutalmente por el cómitre. Habiendo sugerido a éste el deber en que estaba de llevarlo al hospital, le contestó que lo haría si él ocupaba el lugar del criminal. Aceptó el siervo de Dios la condición y fue cargado de cadenas» (J. Herrera y V. Pardo, *Vida de San Vicente de Paúl*, p.120).

Juan, esto es para callarse y hacer silencio durante mucho tiempo... Piensa en esa madre destrozada, en ese hijo tratado peor que un animal y en el cómitre, el que controla el trabajo de remo de los galeotes. Ahora vuelve a la frase inicial: «el ruido no hace bien; el bien no hace ruido». El galeote, que seguramente podría ser de tus años, sufre el ruido de las cadenas con las que todos sus compañeros de remo están atados para no poder escapar, el restallar del látigo sobre las espaldas si no siguen el ritmo marcado, los gritos del cómitre para que sigan remando sin descanso… Tanto ruido Juan…Tanta falta de silencio y de bien. Y esa madre, Juan… en silencio llorando por su hijo… Veo a tu madre y pienso en esa madre, Juan. ¿No haría lo mismo san Vicente por tu madre si fuera ella en vez de aquella otra mujer? ¡Es la grandeza de vivir el silencio beneficioso y querer que todos lo vivan! ¡Cuánto pediría san Vicente el silencio beneficioso para aquellos cómitres despiadados…! ¡Cuántos galeotes soñarían con vivir el silencio beneficioso…!

Y no solo esto, querido hijo, sino mucho más. Hay que ponerse en el lugar del otro, de esa madre y de ese hijo, Juan. Por eso san Vicente se deja encadenar y se sienta en el banco; para que un joven destrozado y enfermo pueda sanar y vivir al menos un tiempo de silencio beneficioso en el hospital. ¿No has hecho algo parecido al rezar por esos jóvenes, al ponerte en su lugar y darte cuenta de que son como ese hijo condenado a galeras? Querido hijo, ¿cuántos jóvenes conoces y ves por la calle cada día que te hacen revivir la escena que tanto te ha marcado? ¿Cuántos jóvenes enfermos hay que no tienen quien los conduzca al hospital? ¿Cuántos chicos no tienen más opciones en la vida que remar y remar sin posibilidad de escapar de esta dura vida? ¿Cuántas madres ven a sus hijos enfermos, encadenados, maltratados…, y no pueden hacer nada por ellos más que rezar? Hijo, ¿qué sería de este mundo si todos vivieran el silencio beneficioso que aleja el ruido que destroza las vidas para siempre si alguien como san Vicente no es capaz de ponerse en su lugar y salvarles la vida? ¿Te sientes llamado a orar en silencio por tantos galeotes del siglo XXI que necesitan un san Vicente de Paúl que se ponga en su lugar o a remar con ellos para que llegar al puerto de la libertad?

¡Juan!, ¡ayuda a cortar el ruido! ¡Muestra la grandeza del silencio beneficioso! ¡Acércate a los galeotes y a los cómitres con tu oración en silencio beneficioso! ¡Todo será distinto porque el ruido empezará a caer y surgirá una nueva generación de hombres libres que saben que el ruido no es bueno y que el silencio es fuente de todo bien. Y espera que nos queda más, todavía. Sí, esto no termina. Mira lo que viene ahora.

Hay una carta muy dura y directa de san Vicente a un sacerdote de la misión paúl, en Argel. Le muestra que el silencio beneficioso muchas veces es más difícil de vivir que lo que parece porque nos hace callar en favor del que sufre, aunque pensemos que por hablar la situación va a mejorar. Nada de eso. Mucha atención, Juan:

> «En el nombre del Señor no tenga ninguna comunicación con esa gente [los turcos]; no se exponga a los peligros que por ella le pueden sobrevenir; porque al exponerse, expondría todo y haría mucho daño a los pobres esclavos cristianos, puesto que ya no podrían ser asistidos, y cerraría para el futuro la puerta de la libertad que tenemos al presente para hacer algún servicio a Dios en Argel y en otras partes. Vea, pues, el mal que haría por un bien pequeño y aparente. Es más fácil y más importante impedir que se perviertan muchos esclavos que convertir un solo turco. Un médico que preserva la enfermedad merece más que el que la cura. No se le han confiado las almas de los turcos ni su misión se extiende a ellos, sino sólo a los pobres cristianos cautivos» (*Carta* al P. Felipe Le Vacher)

Sabe muy bien san Vicente lo que es ser esclavo de los turcos y lo que sufren los esclavos cristianos por el maltrato que viven a diario. Por eso no es bueno hablar con los turcos sino con los esclavos para que se mantengan firmes en la fe católica y no se dejen llevar por el ruido y renegar de su fe para alcanzar una libertad falsa porque dejan de lado a mi Hijo. Eso cuesta entenderlo, pero uno que ha sufrido eso mismo, tiene muy claro que pedir clemencia o buscar medios de unión con los que esclavizan a seres humanos como ellos, puede ser lo peor de lo peor, porque la vida de los esclavos todavía se puede recrudecer más. Por eso lo mejor es callar, Juan. Sí, callar para un bien mayor. Hacer silencio beneficioso por el bien mayor de alguien que sufre el ruido impuesto a base de golpes físicos y verbales. Es tan necesario que el silencio beneficioso sea el centro de la vida de uno que quiere ayudar...

Juan, con esto pasamos a otro tema, pero que va en unión con todo lo que te quiero decir, cuando quieras ayudar a esos galeotes y cómitres, acuérdate antes de esta carta de san Vicente y reza antes de hablar; porque muchas veces será mucho más fructífero tu silencio beneficioso que tu palabra o acción que sale de pronto, pero que puede no ser buena. Alejar del ruido con mucha mano izquierda, pero sobre todo con mucho amor, oración y silencio beneficioso es la mejor táctica para ganar la batalla ante el que vive en el ruido e impone el ruido a otros. ¡Eso quiero para ti, Juan! ¿Me entiendes, ves por dónde voy? ¿Estás dispuesto a vivir el silencio beneficioso esta cuaresma y cuando termine seguir en él el resto de tu vida?

Tienes una tarea por delante, Juan, ahora como universitario que ves muchos galeotes y cómitres en las clases y en las residencias universitarias y también cuando seas todo un ingeniero industrial y estés en una empresa donde puede haber un cómitre que os imponga remar contra viento y manera nunca mejor dicho, hasta el agotamiento. Ponte en ese lugar, Juan, ser un galeote en tu empresa y ver que tu jefe es un cómitre y con el que no se puede hablar. Quieres hablar para buscar solución para ti y tus compañeros de trabajo, pero si hablas puede ser que todo se complique. El ruido os destroza, y todo por pedir ayuda. Juan, repasa esto y mételo en tu corazón, para que, si llega el momento, seas capaz de vivir el silencio beneficioso de la mejor manera tanto para ti, como para tus compañeros y para el que dirige la empresa. Todo por un bien mayor, para que el silencio que reina en tu corazón pueda ser el que domina ese lugar de trabajo donde haya luz, paz y presencia de Dios, porque en oración, en silencio, en ofrecimiento y discernimiento, el silencio beneficioso se hace presente y todo cambia, todo se hace otra manera. Es cuestión de tiempo, de vida, de dejar a Dios actuar y de vivir en compañía de tu padre que tanto que te quiere y te enseña en su taller cómo trabajar en silencio beneficioso.

Y hablando como padre, Juan, antes de despedirme en esta noche, te invito a que a esto que te acabo de decir lo apliques a tu futuro personal; cuando seas todo un padre de familia con muchos hijos donde procuras por todos los medios que en tu casa habite el silencio beneficioso. Verás que alegría ver crecer a tus hijos imbuidos en el bien porque aprenden de su padre y también de su madre, tu futura mujer, a buscarlo desde el silencio. ¡Cuánto te quiero hijo mío! Tu padre,

San José

Silencio perpetuo

19-2-2024

Querido hijo, querido Juan:

¡Nos queda un mes! ¡Un mes exacto para la gran fiesta, Juan! ¡Qué ganas tengo de verte vivir ese día! ¿Sabes a qué me refiero? Espero que sí, al 19 de marzo, ¡solemnidad de san José!

Fiesta, júbilo y regocijo por celebrar la fiesta de un santo. Eso llena de vida a muchos pueblos y ciudades cuando honran a su santo patrón. Y cuando sucede que ese santo es tu querido padre, más ilusión y alegría brota del corazón. Pero no te creas que siempre es así, Juan. Hay momentos en que ese gozo por la fiesta de un santo se bloquea, se anula, se frena y se hace todo lo posible para que no llegue a término. Te hablo, querido hijo, del silencio perpetuo. Un tipo de silencio que es muy peculiar y no mucha gente conoce. El silencio perpetuo es una realidad eclesial en la que un proceso de canonización se corta y no se permite seguir por algún motivo importante. Duele mucho, pero es así, Juan. El Vaticano impone silencio perpetuo cuando algo no va bien, no está claro, hay escritos que parecen poco ortodoxos o la biografía del que está en proceso tiene alguna parte que deja algo que desear para algunos. Cuando algo de esto está sobre la mesa, todo se para y hay que esperar. A veces mucho tiempo, pero merece la pena porque si es de Dios todo cambia a su favor y llega el día de que se le eleva a los altares.

Te puedes quedar un poco parado y sorprendido porque no es algo común ni que ayude a crecer en la vida interior, es como algo que queda lejos y no te afecta, pero si profundizas un poco, querido hijo, verás que sí. Hacer callar la vida y obra de un alma enamorada de Dios, porque haya otros que no lo quieren, lo rechazan o los deja en evidencia, no es algo bueno en sí mismo. Así de claro y directo te lo digo, Juan. Hay varios casos, pero dos son muy conocidos y dan para dialogar mucho. Te hablo de la Madre Ágreda y de Juan de Palafox. Son dos figuras portentosas del siglo XVII y además muy cercanas en su lugar de nacimiento. Pocos kilómetros separan la cuna de estos dos personajes.

Sor María de Jesús de Agreda es una monja concepcionista franciscana que nace el 2 de abril de 1602, en Ágreda (Soria). Su familia funda un monasterio en el hogar familiar donde entran como monjas su madre, su hermana y ella misma. Y sus dos hermanos y su padre ingresan en conventos de franciscanos. Todo surge de un momento que vive su madre en que, estando en oración, mi Hijo le pide fundar un monasterio de vida de clausura. Tras muchos avatares, el matrimonio queda disuelto para poder vivir la nueva vocación que reciben y a la que se entregan con pasión el resto de sus vidas. Sor María empieza a tener muchas experiencias místicas y un trato muy directo con la Virgen Inmaculada. Mi Esposa le va detallando su vida paso a paso dando lugar a su obra cumbre, la *Mística Ciudad de Dios*, la vida de la Virgen María, la Reina del cielo. Sí, Juan una biografía de la Inmaculada que es algo excepcional. Lo que pasa que estamos en el siglo XVII y todavía no se ha definido el dogma de la Inmaculada. Eso trae muchos problemas porque describe con detalle la concepción inmaculada de María. Es una de las causas por las que se complica el proceso una vez iniciado y llega un momento en que se impone silencio perpetuo. Todo cambia en el siglo XX y más aún en nuestros días porque hace pocos meses ha tenido lugar un congreso sobre la vida y obra de sor María nada menos que en Roma. Así obra Dios, querido hijo.

Algo parecido sucede con el ya beato Juan de Palafox. Este gran hombre que tanta luz ha dado a la humanidad es perseguido en vida y también una vez fallecido; abierta la causa de canonización, tanto se complica que también sufre silencio perpetuo. Al final se levanta y, tras muchas luchas, llega a beatificarse el 5 de junio de 2011, en la catedral donde reposan sus restos, en El Burgo de Osma (Soria). La vida de Juan de Palafox es también de novela. Le sucede algo parecido a lo de Moisés cuando nace en los Baños de Fitero (Navarra) el 24 de junio de 1600. Se ordena sacerdote con veintinueve años y cuando está para cumplir los cuarenta, el rey lo nombra visitador de Nueva España. Posteriormente es elegido y ordenado obispo de Puebla de los Ángeles (México). Ejerce con todo su ser esta tarea. Tiene problemas con los jesuitas y llega a ser virrey por decreto real de Felipe IV. Todo se complica y es «desterrado» a una diócesis española, Osma (Soria), donde sigue siendo un pastor ejemplar y termina sus días el 1 de octubre de 1659.

Esto seguro que le gusta mucho a tu hermano Ángel, que le encanta la historia y conocer la vida de los santos. Es una parte de la biografía que, si se desconoce, no se llega a la grandeza de lo que Dios puede obrar en una persona. Mira, Juan, estos dos casos que te he puesto son muy parecidos en cuanto al historial, pero casi opuestos en el estado actual. Juan de Palafox es beato y Madre Ágreda todavía venerable. Así son los planes de Dios. No los entendemos, pero si hacemos silencio interior, todo se ve de otra manera. Ahora se ve de otro modo, pero en aquellos años, era un combate muy fuerte. Hacía falta tiempo y silencio para que la tempestad se calmase y se pudiese afrontar la realidad de otra manera. Todo está en Dios y cuando hacemos silencio hasta llegar al silencio perpetuo llegamos a entenderlo. Cuesta, pero cuanto más silencio, más unión con Dios y más luz en el alma del que busca estar al lado de mi Hijo.

Ahora damos el salto, Juan. Pasamos del siglo XVII al XXI. Hoy también se vive el silencio perpetuo si hay alguna causa que no se vea clara, pero no me refiero a eso, sino a que dando un sentido más amplio el silencio perpetuo se ejerce muchas veces sobre aquellos que dicen y defienden la verdad, esa verdad que no es otra que mi Hijo, Juan. ¿Ves por dónde quiero llevarte? Hoy día, son pocos los que hablan de verdad y no se callan lo que mi Hijo predica cuando se encarna en este mundo que ahora comparto contigo mientras duermes. Mira cuantos mártires, sacerdotes sin llegar a ser mártires, jóvenes como tú, etc., sois silenciados si alzáis la voz por encima de lo que el mundo permite. Ahora es el mundo, el demonio y la carne quien manda; bueno, esto no es nada nuevo para ti, son los enemigos del alma que buscan la ruina de todos los que aman a Dios y quieren ser santos. Por eso, querido hijo, hay que tener fuerza para saber sobrellevar el silencio perpetuo impuesto en vida y no solo cuando se hace el proceso de beatificación y canonización. Juan, lucha porque a nadie se le imponga el silencio perpetuo si habla en nombre de mi Hijo o de alguno de los que están conmigo en el cielo. La verdad hay que anunciarla siempre y no se puede callar nunca. ¡Juan, no te dejes vencer por el miedo o lo que digan otros! Habla siempre y ayuda a otros a que hablen de la verdad para que todo el mundo la conozca y pueda vivir de un modo más auténtico al buscar siempre la palabra verdadera que se aleja de un silencio perpetuo impuesto por los que dominan este mundo…

Otra manera de entender el silencio perpetuo, más directo en cuanto a su sentido real, es el de todas las causas que hay abiertas y apenas se mueven por falta de interés, trabas no muy grandes, falta de personal dedicado a ellas y otros motivos similares. Me da pena que los grandes santos, por así decirlo, superan todo esto con gran facilidad y llegan pronto a los altares, y otros sufren la gran losa del anonimato. Juan, muchas no son conocidas, apenas más que por un pequeño grupo de fieles que se esfuerzan en difundir la vida de santidad de alguien muy cercano a ellos sin conseguir resultado. Te hablo por ejemplo Francisca Javiera del Valle y del P. Francisco Butiñá. La santidad oculta en silencio, sin que nadie se entere ni que existen. Han vivido su vida en silencio interior y ahora sufren un silencio perpetuo porque muy pocos se acuerdan de ellos para ensalzar las virtudes de un alma que el silencio ha tenido, en su vida, un peso muy importante.

Francisca Javiera del Valle es una humilde mujer con muy poca formación que nace y muere en su pueblo palentino de Carrión de los Condes (1856-1930). Recibe unos dones especiales y escribe grandes obras espirituales entre las que destaca el *Decenario al Espíritu Santo* que es una delicia para el alma. Tienes que leerlo alguna vez, Juan. Una pobre costurera que trabaja para los jesuitas y recibe una gran ayuda por su parte como directores espirituales que conducen esta alma de Dios tan escondida y desconocida. Pues esta sencilla mujer por fuera, pero llena de dones divinos por dentro, vive el silencio perpetuo porque nadie ha dado el paso para abrir su causa de canonización.

Unos años antes, en 1834, nace Francisco Butiñá en Bañolas (Gerona). Llega a ser un jesuita destacado como fundador de una doble rama de vida religiosa femenina para apoyar y defender a las mujeres en el mundo laboral. Primero funda las Siervas de San José y poco después, a la vuelta del destierro que sufren los jesuitas por parte del gobierno español, las Hijas de San José. Muere en Tarragona el 18 de diciembre de 1899. Tiene la suerte de que sus hijas espirituales, las religiosas fundadas por él en vida, promueven su vida y sus obras y piden la apertura de su causa de canonización. Hace poco que se clausura el primer paso, la fase diocesana. ¿Y sabes qué fecha se celebra este evento? El día de mi fiesta del año 2019.

Al menos está abierta, aunque medio parada. Menos es nada, querido hijo, ya ves que los que están muy unidos a mi vida han de vivir el silencio perpetuo en este sentido que ahora te estoy explicando. No podemos quejarnos porque al fin el P. Butiñá está en camino de reconocerse oficialmente como santo. Entre sus numerosas obras escritas hay una que es digna de recuerdo perpetuo: ¡*Glorias de San José*! Este libro, querido hijo, tienes que leerlo cuando tengas mucho tiempo libre y paciencia porque es muy largo, pero no tiene desperdicio. Te encontrarás con todo un tratado de vida espiritual teniendo de fondo al que te escribe estas líneas. No te digo más, Juan, te lo pongo como deberes obligatorios. El momento lo escoges tú.

Y ahora, querido hijo, atento que vamos al punto culmen de lo que quiero dejar hoy en tu corazón. Este silencio perpetuo es algo impuesto, sufre mucho quien vive de cerca una causa y se encuentra con este punto en el desarrollo del proceso. Es como meter en la cárcel a un inocente que se quiere defender y no puede. Condenado a no hablar de una persona porque otras lo han decidido así. Pero de ese silencio obligado, salen siempre vienes, si no mira el caso de Palafox, todo parecía imposible después de tantos siglos de silencios y trabas en el proceso y hoy puedes invocarlo y acogerte a su intercesión con gran gozo y celebrar su fiesta el 6 de octubre. Con la Madre Ágreda ahora toca esperar, pero hay esperanzas porque empieza a moverse algo la causa al haber llegado a tener lugar un congreso en Roma para darla a conocer como te he dicho hace poco. Lo importante ante Dios, querido hijo, es esperar, saber esperar en Dios y dejar todo en Él.

Es un auténtico regalo divino vivir estos momentos porque muestran que el silencio perpetuo, casi nunca llega a ser perpetuo, y si llega a serlo, es porque se mete por medio el que ya sabemos que no quiere almas en el cielo sino junto a él. ¿Sabes de quién hablo, Juan? Pues mira lo que dice Francisca Javiera del Valle de la que hemos hablado antes:

> «2 Y así como por medio de las campanas, en un instante, sabe todo un pueblo y una ciudad que hay quema y dónde la hay, así las criaturas, movidas por Satanás, hablan… y hablan, e inventan cosas que no hay verdad en ellas. Todo movido por Satanás.
>
> 3 Porque a él ¿qué le importa que no haya verdad en lo que dicen para lograr lo que él intenta lograr con todo ello? ¿Qué le va que haya o no verdad? Con tal que él logre lo que intenta, lo demás ¿qué le importa a Satanás?».

Estas palabras tan directas, querido hijo, las deja por escrito Javiera del Valle en el día noveno de su *Decenario* cuando presenta «la última batalla que Satanás tiene con el alma, las más astuta que ha podido discurrir su saber y malicia, pues lleva por fin en sus intentos el robar a Dios lo que es de Dios y al alma llenarla de soberbia, y con ella lograr el separarnos de Dios para siempre». Esta frase resume con perfección lo que desarrolla después en el texto que habla por sí sola y muestra a las claras que el demonio enreda todo lo que puede y más para que al romperse el silencio perpetuo sano, se llegue al silencio perpetuo impuesto porque él está detrás. La mentira, Juan, la mentira… ¡Cuánto daño hace! ¡Cuántas divisiones provoca! ¡Cuántas causas de canonización ha frenado!

Satanás tiene una intención muy clara y lucha contra todo para que se viva lo que quiere, pero para eso hay un gran remedio y defensa, Juan: el silencio interior. El demonio no puede con él. No soporta que los hombres lleguen hasta mi Hijo por este camino tan precioso y seguro como es el silencio. Por eso atiza las lenguas humanas para hacer caer a otros y que todo se enmarañe y los planes de mi Hijo tarden en cumplirse. Mi Hijo va a ganar siempre, pero hay batallas que se pierden cuando no se vive el silencio interior y la mentira reina en vez del silencio perpetuo de buscar solo a Dios y ser santo para llegar un día al cielo. Ya lo sabes, Juan. ¡A vivir en silencio! ¡A rechazar la mentira! ¡A tener el corazón puesto junto a mi Hijo! Así estarás siempre seguro de los ataques del demonio. Pero si se complica la situación y sufras sus ataques o persecuciones, di con todas tus fuerzas: ¡San José, terror de los demonios, ruega por nosotros!

Juan, no me olvido de alguien que me quiere mucho y durante su vida en la tierra hizo una gran obra en favor de la difusión de tu querido padre san José. Me refiero al padre Butiñá. Él no habla de manera directa del demonio cuando trata el influjo del Espíritu Santo en mi vida, como ha descrito Francisca Javiera, pero deja muy claro que mi vida cambia por completo y da por hecho que Satanás no tiene nada que hacer conmigo al estar lleno de Espíritu Santo. Es más, tiene miedo de mí, no olvides, querido hijo esa letanía que acabo de recordarte para llamarme siempre que estés en peligro o necesites la ayuda de tu padre. El padre Butiñá es un alma que te mete en Dios con maestría. Mira lo que dice de mí:

> «¡Qué prontitud manifestaba en todo a la voz del Espíritu divino! No bien entraba su inspiración en cualquier negocio, cuando al punto se lanzaba a su cometido, sin que le detuviesen dudas, ni le retardaran dificultades, ni le arredraran preocupaciones, ni respeto alguno humano le empeciera. Y ¿de dónde le nacía esta madurez y acuerdo, si no de las luces con que ilustraba su mente el divino Espíritu, y de las dulces mociones con que gobernaba su corazón? [...] Así es que amaba al divino Espíritu como a Dios, fuente de todos los bienes, consolador y bálsamo de sus penas y heridas, director de sus obras, guía de sus empresas, sostén de sus aspiraciones; amábalo como a soberana e infinita bondad, puerto de imperturbable bonanza, centro de sus dichas sólidas y verdaderas» (*Glorias de San José*, pp. 247-248).

Con esto basta para que te decidas a leer cuanto antes este libro y plantes batalla al demonio. Te dejo preparado para que te lances ya. ¡Ahora es cuando tienes que aplicar el silencio perpetuo, Juan!: ¡en contra del demonio! ¡Al dejarte llenar del

Espíritu Santo! ¡Siempre que quieras hablar conmigo! Juan, aplica cada uno de los sentidos del silencio perpetuo según el momento que vivas para estar siempre lejos del demonio, lleno de Espíritu Santo y muy unido a tu padre.

Bueno, Juan que se va el rato, es tarde ya, llevas tiempo dormido y mañana te espera un día donde acercarte a estas figuras de las que te hablo para que empieces a tener relación espiritual con ellas y ganar muchas gracias. Haz la prueba. Pide su ayuda e intercesión. Con el beato Palafox lo tienes más fácil al ser ya beato, pero los otros están a la espera. ¡No hay que perder la esperanza nunca, Juan! ¡Siempre hacia adelante! ¡Siempre con una sonrisa en la cara! ¡Siempre dando gloria a mi Hijo! Te dejo, Juan. A ver qué dices mañana cuando te encuentres con la carta de tu padre que tanto te quiere y vela tu sueño,

San José.

Silencio desértico

21-2-2024

Querido hijo, querido Juan:

Casi no te ha dado tiempo a escudriñar bien la carta del lunes y ahora ya tienes otra sobre la mesa. Es lo que pasa cuando un padre quiere tanto a su hijo y, lo que es también muy importante, el amor de un hijo por su padre. Guardas los miércoles y 19 de mes de un modo muy fiel, Juan. Eso me llena de satisfacción. Demuestra lo que hay dentro de tu corazón. Y, además, cuando puedes y te lo permiten las clases, asistes a misa los miércoles en la capilla de tu Escuela de Ingeniería donde tenéis un recuerdo muy especial al que ahora te escribe. Eso todavía es más grande, Juan, lo que vives de modo personal y en intimidad conmigo, lo compartes en la medida de lo posible con otros jóvenes que estudian lo mismo que tú y sienten la fuerza que mana de estar junto a mi Hijo y, sobre todo, al celebrar la eucaristía y poder comulgar. Este miércoles primero de Cuaresma, a pesar de no poder celebrar la misa votiva de San José que tanto os gusta y llena de vida y alegría, seguro que algún canto va dirigido al Carpintero de Nazaret…

Y de Nazaret quiero hablarte hoy, querido hijo. Ya sabes dónde está situada esta ciudad. No hace falta que te lo diga. Tampoco todo lo que allí ocurrió en unión a Jesús y María en mi casa y taller. Juan, Nazaret me trae tantos recuerdos... Ojalá pudieras ir alguna vez en peregrinación por aquellos lugares santos... Belén, Nazaret, Jerusalén... Todo aquello que forma parte importante de mi vida y que conoces por lo que queda recogido en los evangelios. Pero no es lo mismo conocer de oídas y por descripciones que en persona. Nada que ver, Juan. Tienes mucha vida por delante, a ver si mi Hijo tiene dispuesto que alguna vez vayas a visitar la ciudad donde nació Él y también su padre, que es también tu padre, el que te escribe estas líneas.

Perdona que me voy del tema al recordar Nazaret. Mira Juan, hoy quiero hablarte de un silencio muy importante y que en cierta manera ya conoces de cuando hiciste aquel retiro con unos monjes. Vivir un tiempo de desierto, de soledad, de silencio... Eso es el silencio desértico. En este tema el gran maestro es Carlos de Foucauld. Nace en Estrasburgo en 1858, con apenas dieciocho años se alista en el ejército, pero al poco renuncia a esta vocación. Vive en el desierto y queda admirado por la vida de los musulmanes. De vuelta a su casa comienza un proceso de conversión que le lleva un tiempo a Nazaret y más tarde a vivir una temporada como monje trapense (cisterciense). Ordenado sacerdote y con más de cuarenta años se retira a una vida de oración y silencio al desierto, donde es asesinado por una banda de salteadores el 1 de diciembre de 1916. Está recién canonizado, en el año 2022.

Cuando Carlos está en Nazaret como servidor y sacristán de las clarisas, escribe una carta al padre Jerónimo donde muestra la importancia y esencia del silencio desértico. Es como una definición en vivo de lo que es este tipo de silencio:

> «Hay que pasar por el desierto y permanecer allí para recibir la gracia de Dios.
>
> Es un tiempo de gracia, es un período por el que debe pasar necesariamente toda alma que quiera dar fruto, es necesario este silencio, este recogimiento, este olvido de toda la crea-

ción, en medio de la cual Dios establece en el alma su reino, y forma en ella el espíritu interior, la vida íntima con Dios en la fe, la esperanza y la caridad» (Carta al padre Jerónimo, trapense, 19-5-1898).

Es una definición perfecta que brota de un corazón que ama mucho a Dios y se encuentra con Él en el silencio del desierto, y desierto en el doble sentido, tanto el físico como el espiritual, porque esta carta, querido hijo, la escribe después de varios años de monje trapense en una tierra desértica de Siria. Ahí une el silencio desértico de un modo magistral, Juan.

Pasar y permanecer en silencio desértico para poder recibir la gracia de Dios. ¿Ves cómo hay que acercarse a este silencio, Juan? La raíz es esta: pasar y permanecer. Hay que hacer como Jesús cuando empieza su vida pública. Es lo mismo, Juan. Todo lo que dice aquí Carlos lo puedes poner en paralelo con el evangelio que escuchaste en misa el domingo, primer domingo de Cuaresma que presenta el paso, permanencia y fruto de esos cuarenta días de silencio en el desierto para prepararse a su vida pública. La gracia de Dios, esa unión íntima entre mi Hijo y el Padre se muestra en ese relato evangélico donde se expone cómo Jesús se pone en camino y deja todo para quedarse solo y escuchar en silencio desértico al Padre. ¡Métete en el desierto con Jesús, Juan! ¿Te atreves? ¿Lo ves difícil? ¿Llegas a ver todo lo que te espera después? La gracia no viene si antes no hay una preparación seria y profunda que nace del silencio desértico. Es la clave para superar toda tentación y librarte del malo, Juan.

Hijo, ¿quieres dar fruto? Pues no te queda otra que pasar por aquí, vivir este tiempo de gracia que tan bien te viene ahora en estos días. Carlos habla del silencio desértico como tiempo de gracia y la Cuaresma es también un tiempo de gracia. Juan, une las dos realidades y la gracia que llegue al final será mucho mayor. ¡El fruto será abundante! ¡Podrás repartir a otros! ¡Serás feliz! ¡Tendrás paz! ¡Crecerás mucho! Todo esto y mucho más te espera si vives esta Cuaresma desde el silencio desértico.

Cuanto más te metas en este silencio desértico, más descubrirás la necesidad de vivirlo, la grandeza de quedar recogido de todo eso que no te deja hacer silencio interior y olvidarte de todo. ¡De todo! ¡Juan! Esto coge fuerza según entramos más adentro, en la espesura del desierto para vivir el silencio desértico. ¡El fruto es muy grande! ¡Dios quiere establecer su reino en tu alma! ¡Formar en ti algo nuevo y vivo! ¡Y hacerte vivir en Él desde la Fe, la Esperanza y la Caridad! Así termina esta magistral definición de silencio desértico que te regala esta noche Carlos de Foucauld. Lo tienes todo en tus manos, querido hijo, ahora es cuestión de ponerte manos a la obra para aprovechar todo lo que se presenta ante tus ojos ahora que lees esta carta de tu padre. Te quiero mucho, no me canso de decírtelo, Juan. Y por eso quiero que vivas esta Cuaresma y no solamente esta Cuaresma, sino siempre que puedas, cualquier fecha del año, el silencio desértico. Aprovecha un día libre para hacer un día de desierto en medio de la ciudad. Para esto te recomiendo un libro buenísimo que te gustará muchísimo: *Viviréis*. Es una novela que engancha desde el primer momento. La ha escrito Raúl Eguía y lo ha hecho de una forma que no te esperas para nada, te ayuda a vivir en profundidad el silencio desértico envuelto en el ruido de la ciudad. Adelante, Juan, a vivir el silencio desértico para que florezcan las virtudes en tu corazón y puedas decir a tus amigos con los que vas a ir luego a misa, que para estar cerca de san José ayuda mucho vivir el silencio desértico. Os invito a estar y vivir alejados de todo y en silencio escuchar lo que os quiere decir el Carpintero de Nazaret, que siempre os espera en la capilla de vuestra Escuela de Ingenieros, detrás de la sede donde se sienta el sacerdote que tanto os anima a ser fieles devotos de san José.

Perdona Juan, que me a veces me pongo a escribir y me salto de un tema a otro. San Carlos de Foucauld nos sigue hablando del silencio desértico. Esto que hemos visto antes lo escribe sin ser todavía sacerdote. Una vez recibida la ordenación sacerdotal, al mes siguiente, escribe una carta en la que muestra la grandeza de gozar del silencio desértico. Ahora lo vive en plenitud, ya que reside en el desierto del Sahara. Puro desierto en el horizonte y en el corazón:

> «Silencio, vos lo sabéis, es todo lo contrario de olvido y frialdad. Es en silencio cuando se ama más ardientemente; el ruido y las palabras apagan a menudo el fuego interior: quedemos silenciosos, mi querido Padre; como Santa Magdalena y San Juan Bautista, supliquemos a Jesús que alumbre en nosotros este gran fuego que hacía su soledad y silencio tan bienaventurado» (Carta a un monje trapense, 17-7-1901).

Estos son ya palabras mayores, querido hijo, los años pasan y el silencio desértico hace huella en Carlos de Foucauld. Y además dice verdades que pueden extrañar y sorprender a más de uno. Pero, sobre todo, a aquellos que antes no han pasado y permanecido en el silencio del desierto. Todo tiene su lógica y orden, como en las clases que tienes. Unas asignaturas se apoyan en otras según pasan los años de la carrera y al final se llega a la meta. Aquí sucede lo mismo, Juan. Todavía nos queda alcanzar la meta. Ahora estamos en la asignatura que nos prepara para llegar al final. No podemos saltarnos nada. Una cosa es saber lo que es el silencio desértico y otra muy distinta la vivencia práctica del mismo. Podría entenderse como la teoría y la práctica de un mismo concepto. Eso es, Juan. Esto te ayuda ahora a meterte en esas pocas líneas y sacar todo el provecho espiritual para ejercitar el silencio desértico y ser feliz, muy feliz, querido hijo. Además, como escribe a otro y acerándose a él, parece que te escribe a ti, ¿a qué sí, Juan?

Lo sabes bien, Juan, no hace falta explicártelo a estas alturas; el silencio no lleva al olvido y frialdad de la persona, sino a ser alguien que no se olvida de nada y está encendido en amor. El amor nace del silencio desértico, cuando uno se descubre amado por Dios. Y volvemos al evangelio del domingo, Juan.

Jesús, se siente amado por el Padre y mucho más que eso, lo ama con más ardor y así es como llega a esa unión que hace huir al demonio con sus tentaciones. Cuando no estás con una persona que quieres mucho, pero la amas desde el silencio lo haces con más intensidad. ¿Me equivoco, querido hijo? El silencio cambia la manera de amar, ayuda a amar más y mejor y sobre todo a sentirse amado de verdad. Dar amor y recibir amor. Todo en silencio. Todo en el desierto. Todo en medio de la nada que queda transformada en un mar de vida al vivir el silencio desértico.

En el desierto el fuego no hace faltar encenderlo, Juan. Todo arde, además en el desierto del corazón también arde todo. ¿Y sabes por qué, querido hijo? Pues porque se ha quitado todo lo que apaga y ahoga el silencio, el amor, la vida verdadera; no es otra realidad que el ruido y las palabras. Si hay ruido y palabras no se puede vivir el silencio, y menos el desértico. Es indispensable que todo desaparezca para que reine Dios en el corazón del que vive el silencio desértico.

Y según te metas, encontrarás compañía, como te sucede en tu primer año de universidad. Tanto en clase como en la residencia no conoces a nadie hasta que empiezas a vivir en el desierto en medio de mucha gente. ¿Ves la diferencia? Estás rodeado de jóvenes, pero es como un desierto, todavía no hay amor, no los conoces, ni te conocen, no has podido hacer silencio para ver con quienes puedes entablar una amistad que te ayude en tu nueva vida. Una vez que vives varios días en la residencia y vas a clase a diario todo cambia. Lo mismo que cuando te introduces en la vida de silencio desértico. Aparecen compañeros de camino que te animan, aconsejan y muestran el mejor modo de vivir este tipo de silencio interior. San Carlos habla a su amigo monje de dos grandes santos que viven el silencio y el desierto en el doble sentido que vamos hablando a lo largo de esta carta. Son san Juan Bautista y santa María Magdalena. Tómalos de compañeros, Juan. Reza y pide su intercesión para seguir entrando en el desierto de tu vida interior y escuchar mejor a mi Hijo.

Y no solo tienes que rezar a estos santos, sino sobre todo a mi Hijo, como invita san Carlos a ese monje que acoge las alegrías de su amigo. Pedir de corazón que Jesús alumbre en tu corazón y en el de todos tus amigos ese gran fuego del silencio desértico que hace de la soledad y del silencio algo precioso, grandioso, bienaventurado...

¿Qué más quieres, Juan? Sé que tienes ganas de más. Y por eso todavía tenemos que seguir con esta carta, porque como te decía antes, nos queda llegar a la meta del silencio desértico. No te lo esperas, seguro. Es algo tan sencillo y a la vez tan impresionante... San Carlos de Foucauld entre sus *Notas espirituales* deja una donde recrea una serie de avisos que le da mi Hijo. Te invito a ponerte en el lugar de este santo que has conocido de repente y hacer caso a Jesús en un caso concreto y muy especial. La vivencia de la vocación:

> «Tu vocación: predicar el Evangelio en silencio, como Yo en mi vida oculta, como María y José».

Querido hijo, ¿te has planteado la vocación en serio? ¿Has dejado que Dios te hable y diga algo así de directo al corazón? ¿Estás abierto a todo lo que te pida? ¡Ahora te pide vivir el silencio desértico! ¿Aceptas? ¿Estás dispuesto? ¿Tienes ganas? Dile que sí, Juan. Díselo de corazón en silencio, en callado amor. Luego espera la respuesta de Jesús. Será refulgente y te dará una fuerza sobrenatural para seguir en camino. Tu vocación, Juan, es predicar en silencio, algo que ya lo haces con tu modo de vida en la residencia y en la universidad. No eres como la mayoría y se nota. Tus amigos se dan cuenta. Eso ayuda mucho a que otros descubran y se admiren al conocer que hay otros modos de vida y que también se puede ser feliz y llevar siempre una sonrisa en la cara. Cuanto más silencio desértico, más júbilo mostrarán tus brillantes ojos. Y eso, querido hijo, no lo tienen aquellos que viven en el ruido y sin buscar silencio porque piensan que eso no es bueno y no te da la felicidad. Tú, Juan, sabes muy bien llevar a esa gente por el buen camino, sin decir nada, solo con tu presencia, ayuda, cercanía y todo eso que bulle en tu corazón de joven que vive en el desierto espiritual para crecer y darlo todo, pero sin creerse superior por ello.

Es clave la vida oculta. Muchos no saben dónde coges esas fuerzas. Estás en tu habitación, haces otro horario, tienes otros lugares de descanso y diversión, pero no van más allá. Es lo mejor, Juan. Callado y trabajando conmigo en el taller para que al final la obra que estamos preparando entre los dos sea la mejor posible: ¡que todos quieran vivir el silencio interior! Querido hijo, todas estas cartas están pensadas para esto, para que si alguien las lee se conviertan en guía y motivo de buscar, encontrar y gustar el silencio que habita en lo más íntimo de la persona.

Pero ten cuidado, Juan, no te olvides de alguien muy importante a la hora de vivir tu silencio desértico. Te hablo de mi Esposa, la Virgen María. Junto a ella comparto los mejores momentos de mi vida, sobre todo en Nazaret, en silencio, en esos años de la vida oculta que nadie conoce. Tanto tiempo vivido en lo secreto solo es posible conocerlo si se hace silencio interior. Y el silencio desértico ayuda mucho a meterte en nuestra humilde casa y taller de Nazaret para juntos los tres, ver y gozar de la compañía de Jesús que va creciendo, se hace adolescente, llega a la juventud, a tus años y sigue con nosotros en casa hasta que el Padre le pide que salga ya a predicar, a anunciar a todos que el Reino de los cielos está cerca y tenemos que prepararnos. Todo está dispuesto, Juan. Solo falta algo. Eso es muy duro para Jesús y María, supone una experiencia de silencio desértico especial. Me refiero a mi muerte, mi paso de esta vida a la verdadera, a la eterna. Muero, y el desierto toma la casa. Falta el padre y el esposo, pero los dos, Madre e Hijo, hacen silencio desértico y superan bien el bache. La vida sigue, querido hijo, y mi Hijo comienza su vida pública para bien de toda la humanidad. ¿Y cómo comienza esta etapa de su vida? ¿Te acuerdas del inicio de esta carta? ¿Ves cómo todo está relacionado? ¡Vamos al desierto, Juan! ¡Haz silencio! ¡Úneme siempre con María!

Ahora sí que llega la hora de despedirme, Juan. La noche avanza y te aguarda una mañana muy buena. Te espero en la capilla de tu escuela, estaré callado, mírame bien y busca las señales que te voy a mostrar para decirte en silencio que estoy contigo, que no te abandono nunca, que la vida por el desierto es dura, pero que al final se llega a la meta, a la unión de José con María, los padres de Jesús. ¡Y con nosotros te unes a nuestro Hijo! ¿Cómo lo ves, querido hijo? ¿Te gusta el plan? ¿Empiezas ya? ¡Vamos! ¡Invita a algún amigo que no haya venido nunca! ¡Corre! ¡Ama! ¡Te espero en misa! ¡Después de clase! ¡Para dar gracias! ¡Para pedir lo que más necesitas! ¡Y para estar con tu padre que tanto te quiere!,

San José

Silencio pacificador

28-2-2024

Querido hijo, querido Juan:

¡Qué paz me da verte así, Juan! ¡Con qué paz duermes! ¡Cuánta paz se respira en tu habitación en estos momentos! Se nota algo muy especial. Estás feliz, muy feliz y deseando que llegue el fin de semana para poder estar con tu director espiritual que va a la ciudad donde estudias para tratar algunos asuntos importantes. La llamada telefónica que le hiciste ayer por la tarde para organizar el fin de semana entre sus tareas y las tuyas os dio mucha vida y alegría a los dos. Lleváis tiempo sin veros, desde Navidad; estamos ya casi a mitad de Cuaresma, y tenéis muchos temas para hablar. Esto está muy bien, Juan. Vas creciendo por dentro en tu vida espiritual y para mí es un auténtico regalo. No pares hijo, sigue, pon todo ante mi Hijo y da todo como Él en la cruz. La Cuaresma ayuda mucho a vivir de este modo. Y lo importante es que no pierdas lo que nos importa en estos momentos, la vida de silencio interior. Vas conociendo muchos tipos de silencio y hoy llegamos a uno que te vendrá muy bien cuando lleguen de nuevo los exámenes. ¿Intuyes por dónde puede ir el silencio de hoy? Te doy una pista. Te he hablado de él de modo indirecto al empezar esta carta. ¿Lo sabes ya, Juan? Parece que sí, el silencio pacificador.

Ese silencio interior que lleva a la paz, contagia paz y defiende siempre la paz. Eso quiero contarte en la carta de hoy.

Para hablar de este silencio pacificador te propongo acercarte a la vida de una santa muy de este tiempo, que casi llegas a conocer en vida. Es muy conocida y querida por la gran obra que realiza y que sigue viva y dando mucho fruto. Todo nace del silencio que vive para salir de ella y llevar la paz a todos. Pero primero lo vive ella, Juan. No se puede hablar de algo y querer que otros lo vivan si antes no lo experimenta uno en primera persona. Y en este caso, es algo ejemplar y que va más allá de lo que una pequeña monja puede hacer al pisar el barro, el polvo, la basura y llevar a todos la paz en medio de la miseria humana. Con todos estos datos espero que no dudes de quien te estoy hablando: ¡la Madre Teresa de Calcuta! Se ha canonizado hace poco tiempo, el 4 de septiembre de 2016, cuando empezabas tu segundo curso de la ESO. Han pasado años, y mira dónde has llegado, Juan. A estar cerca de terminar la carrera de Ingeniería Industrial. Te queda este curso y el siguiente, y luego el máster, pero lo que me importa para lo que quiero transmitirte es que todos estos años los has vivido buscando y hallando la paz en Dios que tanto cambia el corazón humano cuando uno se deja llevar por Él...

Juan, la madre Teresa nace el 26 de agosto de 1910 en Skopie, Macedonia. Al cumplir los dieciocho años entra a formar parte del Instituto de las Hermanas de Loreto. Es destinada a Calcuta donde, pasado un tiempo, su vida da un gran vuelco al tener la inspiración de fundar una congregación religiosa dedicada a servir a los más pobres de los pobres. Vestida de sari blanco y azul deja su convento de Loreto y recorre barrios pobres, visita familias, lava heridas, atiende a todo el que lo necesita... Poco a poco se le suman antiguas alumnas del colegio donde había sido profesora y también directora. Al final, en 1950, todo queda bajo una nueva familia religiosa en la Iglesia, la congregación de las Misioneras de la Caridad. Funda casas por varios lugares de India y también por Venezuela y Roma hasta que su obra llega a todo el planeta. También funda la rama masculina de la congregación. Recibe el premio Nobel de la Paz en 1979. Vive siempre con los pobres y para los pobres hasta el final de su vida. En Calcuta el Padre de la gloria la llama junto a sí el 5 de septiembre de 1997.

No escribe ninguna obra de carácter espiritual, solo cartas, muchas cartas. Las dirige a sus hermanas de hábito, a los que colaboran en sus proyectos y a los amigos. Una de ellas nos ayuda a entender mejor el silencio caritativo. La tienes en las páginas 231 y 232 de una de las mejores biografías de santa Teresa de Calcuta, la que escribe Kathryn Spink, *Madre Teresa. Biografía autorizada*:

> «Hoy, una vez más, cuando Jesús se presentó a los suyos, ¡los suyos no lo reconocieron! Jesús se presenta en los cuerpos maltrechos de nuestros pobres, se presenta incluso en los ricos ahogados en sus riquezas. Aparece en la soledad de sus corazones cuando no tienen a nadie que los ame. Jesús aparece ante ti y ante mí y a menudo, muy a menudo, pasamos por su lado sin reconocerlo. La alegría es oración, la alegría es fuerza, la alegría es amor, la alegría es un nido de amor con el que podemos atrapar almas».

Es la primera parte de la carta, Juan. No aparece el silencio pacificador, pero en cierta manera sí, está escondido en esa alegría que llena el corazón del que vive el silencio interior porque vive unido a mi Hijo. No se puede tener paz si antes no se tiene a Dios dentro. ¿Estás conmigo, Juan? La presencia viva de Jesús en tu corazón es el que te hace ver el mundo de otra manera, como le pasa a la madre Teresa. Ve a Dios en el enfermo, el pobre que vive en la calle y el pobre que no sabe qué hacer con tanta riqueza. Le duele que no tengan a Dios y por tanto les falta paz. Buscan lo que no tienen. Están inquietos, nerviosos, sedientos de paz. Una vez que llega Jesús a sus vidas por medio del ejercicio de la caridad, cambia su existencia porque empieza a reinar en ellos la alegría y la alegría como ella misma dice es «un nido de amor donde podemos atrapar almas». Aquí está la clave del silencio pacificador, Juan.

¡Alegría! ¡Amor! … ¡Y almas atrapadas! ¿Dónde, Juan? ¡En la paz! ¡La paz donde quiere vivir para siempre al descubrir la alegría del amor que brota del silencio interior! Es todo un proceso que hay que seguir para llegar a tener la paz al vivir el silencio pacificador. Querido hijo, cuando empiezas a callar ante todo lo que te rodea, agobia, complica la vida y haces silencio, se lleva de otra manera. Al hacer silencio se deja pensar en uno mismo y te abres al que te ama como nadie en este mundo, ¡el Amor hecho carne! ¡Jesús! ¡El maestro del silencio pacificador! Nadie como mi Hijo puede enseñar a los hombres lo que es el silencio pacificador. Él calla durante toda su dolorosa, cruenta y amarga pasión hasta morir en la cruz. Medita muchas veces la pasión, Juan, recibirás grandes gracias y más aún si lo haces en silencio pacificador. Cada problema, duda, angustia, etc., vívela en silencio pacificador meditando una escena de la pasión de mi Hijo. Luego me lo cuentas. ¿Te lo propones para esta Cuaresma? Dime que sí, Juan, dame esa alegría y te acompaño en esta tarea en silencio pacificador para darte paz mientras caminas hacia el silencio interior al tener algo que no te deja tener paz en tu corazón de joven veinteañero.

Cuando tu corazón quede atrapado en el nido del amor que tú mismo has trazado en silencio pacificador, será otro, tendrá una alegría y fuerza especial porque lo has hecho en oración, en silencio, buscando el silencio pacificador. Es la clave, Juan, seguir por este camino hasta llegar al siguiente paso en torno al silencio que hoy nos ocupa. No basta con acoger y querer vivirlo, sino que además hay que contagiarlo. ¡Sí! ¡Con esa fuerza e ímpetu que te caracteriza ante todos, Juan! ¡Habla a todos del silencio que da paz al corazón! Cuánta gente en estos tiempos, acuden a pedir ayuda a psicólogos sin probar antes algo que renueva la vida: el silencio pacificador. Para eso hay que saber y vivir en primera persona lo que tu llevas dentro, querido hijo, el amor a un Dios que es el Dios de la paz en todo su sentido, en plenitud de sentido podríamos decir. Esta difusión del silencio pacificador la encontramos en la segunda parte de la carta de la madre Teresa de la que te he hablado al principio de esta carta:

> «Hoy, más que nunca, necesitamos rezar para que la luz nos haga percibir la palabra de Dios, para que el amor nos haga aceptar la voluntad de Dios, para que encontremos el camino que nos permita hacer la voluntad de Dios.
>
> Dios es amigo del silencio. Si de veras queremos rezar, primero hemos de aprender a escuchar, porque Dios habla en el silencio del corazón».

¿Qué te acabo de decir, Juan? ¿Qué le pasa a la gente? ¿Dónde buscan ayuda? ¿Conocen la verdadera fuente de la paz? ¿Aman el silencio? ¿Lo buscan? ¿Dejan de lado el ruido de sus problemas? Preguntas como estas son las que te pueden ayudar a difundir y contagiar el silencio pacificador, Juan. ¡El mundo necesita jóvenes como tú que hablan del silencio! Tu testimonio ayuda a ver que Dios actúa desde el amor más puro y sanador para conducirnos a la voluntad del Padre. Cuando se cumple la voluntad del Padre, aunque cueste mucho, y lo sabes bien y por experiencia propia y de amigos cercanos, el alma se llena de paz. La paz del corazón… Ayyy, Juan ¿a qué hay pocas cosas en este mundo que ayuden tanto como la paz que nace del silencio interior?

Al hablar de la grandeza del silencio pacificador, has de tener en cuenta lo que dice la madre Teresa en su carta: «Dios es amigo del silencio». Parece una tontería a primera vista, pero es una afirmación muy profunda, Juan. Para tener paz y vivir en paz hay que ser amigos de Dios y si somos amigos de Dios que es amigo del silencio, tenemos que ser también amigos del silencio. No se puede dejar de lado al amigo del Amigo. ¿Lo habías pensado alguna vez, Juan? ¡Métete en esta frase! ¡Hazla tuya! ¡Repítela! ¡Déjala escrita en algún papel de esta mesa que compartimos los dos! ¡Habla a todos de este pensamiento de santa Teresa de Calcuta!: «¡Dios es amigo del silencio!». ¿Hay algo más grande? ¡Sí! Lo que viene después, que es necesario escuchar. Hoy pocos quieren escuchar, querido hijo. Todos buscan hablar y hablar, y seguir hablando y llenarse de ruido a su alrededor. Por eso no tienen paz, porque no escuchan y no pueden acoger el silencio pacificador en sus vidas. Aprender a escuchar es fundamental, Juan. Para todo: en casa con la familia, en clase con los profesores, en las fiestas con los amigos, en el trabajo cuando lo tengas, en… La escucha ayuda a acercarse al que no tiene paz porque no vive el silencio pacificador. Y cuanto más escuchas, Juan, más paz hay en tu corazón, porque en ese momento es cuando Dios entra en tu vida con silencio pacificador «porque Dios habla en el silencio del corazón».

¡Llegamos a la meta, Juan! Tener paz es posible cuando escuchamos a Dios en el silencio del corazón. ¡Solo en el silencio del corazón que busca la paz y se calla es donde Dios se manifiesta y da la paz verdadera, la que mana de su presencia viva entre los hombres! Hemos llegado al fondo del silencio pacificador, a la fuente de dicho silencio para que otros lo conozcan, lo vivan y lo contagien como tú, querido hijo.

Pero no hemos terminado, Juan, sigue atento, que nos queda dar el último paso. Defender siempre el silencio pacificador para que en el mundo reine la paz y no el ruido que impide vivir este silencio. El final de la carta de la madre Teresa es de antología…:

> «El fruto del silencio es la oración.
> El fruto de la oración es la fe.
> El fruto de la fe es el amor y el fruto del amor es el silencio.
> No usemos bombas ni armas para someter al mundo.

Sirvámonos del amor y de la compasión. La paz empieza con una sonrisa».

Es mejor callar ante estas palabras, Juan… ¿Qué me dices? ¡Qué maestra del silencio y de la paz poniendo como punto de unión el amor! Madre Teresa habla del silencio, pero lo que quiere es que todos vivan en paz al dejarse llenar del silencio pacificador. Es un proceso largo, pero los frutos son visibles. El que no vive silencio interior pacificador está muy lejos de estas palabras. Son la mejor medicina para tantas almas heridas por el ruido que rompe la paz de su corazón. Pregúntale a tu amigo Jerónimo, que ahora está estudiando cardiología, si esto de lo que hablamos hoy ayudaría mucho a evitar infartos y otros problemas del corazón. El corazón que no tiene paz puede sufrir ataques y pararse; y si se para el corazón…

Hay que ser directos y realistas, Juan. El silencio pacificador es el mejor medicamento que tu amigo Jerónimo podría recetar cuando sea médico y reciba visitas en su consulta. ¡La paz del corazón! ¡La fuerza de la oración! ¡El fuego del amor! ¡La vivencia de la fe! La fe, querido hijo, es la que da unión a toda esta tarea; sin fe el silencio pacificador no se puede vivir. ¡Defiende siempre este silencio, Juan! El silencio, Juan, el silencio, es algo tan importante para todos, es tan necesario defenderlo ante tanto ruido que hace enfermar tantos corazones, es tan pacificador… Es eso, querido hijo, silencio pacificador. No hacen falta más palabras, la madre Teresa lo deja todo muy bien explicado en esa escala que nos deja por escrito en la parte final de esta carta. Primer peldaño: «El fruto del silencio es la oración». Segundo peldaño: «El fruto de la oración es la fe». Tercer peldaño: «El fruto de la fe es el amor». Y cuarto peldaño: «El fruto del amor es el silencio». Parte del silencio para terminar en el silencio, ¿te habías dado cuenta, Juan? Todo nace del silencio y se dirige hacia el silencio, pero no un silencio cualquiera, sino un silencio pacificador que hay que defender contra viento y marea en este mundo dominado por el ruido que quita la paz del corazón.

El silencio da mucho fruto. No me cansaré de decírtelo siempre, Juan. Y por eso el fruto del silencio son los siguientes peldaños de esta escalera que nos lleva a la paz del corazón. Santa Teresa de Jesús habla de siete moradas (habitaciones) que hay que recorrer dentro del castillo de nuestra alma para llegar a la última, que es la principal donde habita el Rey del castillo que es mi Hijo. Pues bien, de otro modo, otra santa Teresa, la de Calcuta, te invita en este día a seguir subiendo una escalera que te lleva a la unión con mi Hijo. Tiene siete peldaños, no cuatro. Vamos a por los que nos quedan por conocer. Quinto peldaño: «No usemos bombas ni armas para someter al mundo». Sexto peldaño: «Sirvámonos del amor y de la compasión». Y... final de la escalera: «La paz empieza con una sonrisa».

¡Juan, hemos llegado al final! Ahora sí que sí, lo otro eran pasos intermedios, para acercarte a esta escala espiritual que tienes que recorrer en esta Cuaresma y toda tu vida, y contagiarla y defenderla cuando muchos quieran sustituirla por teorías filosóficas o terapias psicológicas que no tienen presente a Dios. ¡Nade de bombas ni armas de ataque que quitan la paz, sino amor y compasión que nace del silencio pacificador para vivir en paz y decir que solo el que vive el silencio pacificador es quien tiene paz de verdad en el corazón! ¿Y cuál es la señal que confirma todo esto, querido hijo? ¡La sonrisa! «La paz empieza con una sonrisa». Son palabras de santa Teresa de Calcuta para ayudarte a distinguir cuando una persona vive en paz o no, cuando hace silencio en su interior o no, cuando está feliz o no. La sonrisa de una persona refleja lo que vive su corazón: paz, silencio y abandono en la divina providencia. Haz la prueba, Juan. Mira a tu alrededor en clase, en la residencia y cuando vayas por la calle; los que, al hablar con ellos, te respondan con paz, seguro que sus palabras van acompañadas de una sonrisa que contagia. ¡Eso es, Juan! ¡Lleva siempre una sonrisa en tu cara! ¡Vive el silencio pacificador! ¡Busca la paz! ¡Vívela! ¡Contágiala! ¡Defiéndela! Entonces estarás viviendo en primera persona todo aquello que te he dejado por escrito en esta carta, la vida tan distinta que supone dejarse llevar por el silencio pacificador.

¡Vamos, Juan! Al despertar y encontrarte con estos folios, haz silencio, calla, y vive en paz. Deja todo en mi Hijo, espera que llegue el fin de semana y vayas con tu director espiritual a dar un paseo, a cenar juntos y al final hablar de eso que lleváis dentro y que nace muchas veces del silencio pacificador. Los dos tenéis algo que os impide vivir en paz del todo. Haced silencio pacificador comentando esta carta. Primero hablar, luego leer, después compartir y al final, poner todo ante mi Hijo, para que empiece a obrar en vosotros al abrir la puerta del silencio pacificador. Es algo que os va a ayudar mucho y os unirá todavía más. Qué ganas tengo de veros juntos paseando, hablando y dejando que el silencio sea el motor que os empuje a dar un paso más en esta Cuaresma tan singular donde recibes cartas tan inesperadas de tu padre y padre también de tu director espiritual, de aquel que tanto os quiere,

San José

Silencio litúrgico

6-3-2024

Querido hijo, querido Juan:

¡Estamos en marzo! ¡En mi mes! ¡Se acerca mi fiesta! ¡No queda nada para el 19 de marzo! ¿Quién tiene más ganas, el hijo o el padre? Pregunta difícil de responder ¿a qué sí, Juan? Además, todavía tienes muy fresco ese encuentro con tu director espiritual del pasado fin de semana donde tantos momentos buenos habéis vivido juntos en pocas horas. Habéis aprovechado mucho el tiempo y no han faltado momentos de silencio. Y de dicho silencio habéis sacado fruto antes y después de pasear y hablar de vuestros temas mientras sigues creciendo en tu vida espiritual como joven universitario que busca la unión con mi Hijo teniendo, entre otros medios, el silencio interior. Sin daros cuenta, habéis vivido el silencio interior del que hoy quiero hablarte, el silencio litúrgico.

El silencio litúrgico es el que te une a mi Hijo de modo directo a través de la liturgia. Y hablo de liturgia en sentido amplio, no me quedo solo con la celebración de la eucaristía, sino que voy más allá, a la plenitud del misterio en todo su esplendor: lecturas patrísticas y de la Escritura que meditadas e interiorizadas en silencio se hacen vida en el corazón, la unidad de la Iglesia y la vivencia de la sagrada presencia de mi Hijo en momentos cumbre de la historia. Vamos poco a poco, Juan. Hoy tenemos un gran maestro, el papa Benedicto XVI. Joseph Ratzinger nace el 16 de abril de 1927 en Marktl am Inn (Alemania). Recibe la ordenación sacerdotal en 1951 y más tarde es nombrado arzobispo de Múnich y Freising. Llega a cardenal y a ser prefecto de la Congregación para la Doctrina de la Fe con el papa Juan Pablo II. Al morir este, es elegido papa en 2005. Tiene muchos libros, pero si hay que quedarse con uno escojo el que detalla con magisterio sublime la vida de mi Hijo: *Jesús de Nazaret*. Es una obra en tres tomos que en algún momento tienes que leer para conocer a fondo la vida y todo lo que hay detrás de la vida de mi Hijo. Queda mucho por leer y aprender, querido hijo. Hazlo siempre de la mano de grandes maestros que escriben inspirados en el silencio interior.

Volvamos al silencio litúrgico que es lo que nos toca hoy, Juan. Hay un libro del que te voy a hablar en el siguiente capítulo, *La fuerza del silencio*. Está prologado por Benedicto XVI, ahí encontramos de manera magistral cómo este gran papa que muy probablemente puede llegar a ser nombrado doctor de la Iglesia algún día, muestra con suma perfección la grandeza, importancia y belleza del silencio litúrgico. Sin silencio litúrgico, todo pierde fuerza. Juan, sé que me entiendes porque es lo que vives cada vez más y como te acabo de decir, lo has experimentado con tu director espiritual hace pocos días.

Vamos a lo primero, al silencio de darnos cuenta de la riqueza que se esconde en los textos de los Padres de la Iglesia y en la Sagrada Escritura. Juan, de esto ya hemos hablado en las primeras cartas, pero ahora que quedan pocas para terminar esta presentación del silencio interior, vuelvo sobre ellos de otro modo, para que sean fuente de silencio al ver que sin silencio no dan fruto. Una cosa es descubrir textos sobre el silencio en dichos libros y otra muy distinta, vivir en silencio litúrgico lo que esas obras te dicen. Mira como empieza el prefacio que te digo:

> «Desde que en los años cincuenta leí por vez primera las Cartas de San Ignacio de Antioquía, me quedó particularmente grabado un pasaje de la Carta a los Efesios: "Mejor es mantenerse en silencio y ser, que decir y no ser. Es hermoso enseñar si se hace lo que se dice. Uno solo es el Maestro que dijo e hizo, y lo que hizo, permaneciendo en silencio, es digno del Padre. Quien posee verdaderamente la palabra de Jesús puede percibir su silencio, sea por ser perfecto, ser por obrar mediante su palabra y ser conocido por mantenerse en silencio"».

Leer a san Ignacio de Antioquía deslumbra a cualquiera y te hace ver que las lecturas que puedes hacer al leer a los santos padres o en el oficio de lecturas te tienen que llevar a lo que dice san Ignacio de Antioquía. ¿De qué te sirve, querido hijo, decir muchas cosas y no ser lo que tienes que ser? ¿No es mejor callar y ser de verdad un buscador del silencio litúrgico que te abre una puerta preciosa al conocimiento de otros santos y con ellos caminar hacia la unión con mi Hijo?

Juan, espera, que Benedicto XVI sigue dando pasos sobre esto mismo, pero relación a los evangelios, mostrando una gran verdad que tú ya conocías y vives desde hace tiempo al dejar de lado tanto libro que no lleva al verdadero amor y conocimiento de mi Hijo:

> «¿Qué significa percibir el silencio de Jesús y reconocerlo por su permanecer en silencio? Sabemos que su hablar, su palabra, proviene de permanecer en silencio y que solo en el silencio podía madurar [...] Quien lee hoy comentarios a los Evangelios, vueltos cada vez más voluminosos, al final queda defraudado. Aprende muchas cosas útiles sobre el pasado, y muchas hipótesis, pero que en nada propician la comprensión del texto. Se acaba con la sensación de que a esa exuberancia de palabras le falta algo esencial: penetrar en el silencio de Jesús, del que nace su palabra. Si no conseguimos introducir-

nos en ese silencio, siempre escucharemos tan solo superficialmente la palabra y así no la comprenderemos de verdad".

¡Comprender de verdad la Palabra! ¡Entender a mi Hijo! ¡Recibir la luz desde el silencio! ¡Dejarse de libros que no alimentan el alma! ¡Buscar lo mejor, lo que brota del silencio! ¡Ir a las fuentes! ¡A los santos! A los que comentan el evangelio junto al sagrario y no desde un despacho frío, poco acogedor y sin presencia de mi Hijo y de otros santos como sucede cada vez más. Juan, esto es un hecho, no se puede negar. Benedicto XVI no tiene pelos en la lengua a la hora de decir la verdad, ya te he puesto alguna otra cita suya para mostrar la lucidez de su pensamiento y la defensa acérrima de la verdad, de lo que pasa hoy en el mundo cuando no se busca el silencio y se escriben libros que solo llenan estanterías, pero no acercan a mi Hijo. Triste pero muy real y actual. Es la vida misma, querido hijo, pero sé que tú no tienes ese problema. Tú no, pero algunos amigos tuyos que empiezan a entrar en el seguimiento de mi Hijo pueden que caigan en este error. Es fácil errar al no contar con alguien como tú que les ayude a escoger bien los libros; y más que eso, a que descubran la importancia del silencio; y más concretamente el silencio litúrgico que les ayuda a entrar mejor en el misterio de amor de mi Hijo que tanto los quiere y busca por todos los medios. Quiere que se acerquen a Él, pero si se encuentran con un ladrillo escrito por un teólogo que no entra en el silencio, se pueden alejar porque ven que no hay vida en esas páginas. Juan, tu crecimiento espiritual y conocimiento de libros y del silencio litúrgico es fundamental para que otros comiencen a vivir el silencio de verdad. ¡Ayúdales! Tú y todos aquellos que sabéis todo lo que sucede al vivir el silencio litúrgico.

Seguimos, Juan. Por si te parece poco lo dicho por Benedicto XVI, vamos ahora a leer juntos el último párrafo de dicho prefacio:

> «Hemos de agradecer al papa Francisco que hay situado a este maestro espiritual al frente de la Congregación responsable de la celebración de la Liturgia de la Iglesia. Para la Liturgia, como para la interpretación de la Sagrada Escritura, se precisa una competencia específica. Ahora bien, también en la Liturgia tiene validez que el conocimiento especializado puede al final ignorar lo esencial, si no se basa en ser honda e íntimamente una cosa sola con la Iglesia orante, que cada día aprende de nuevo del Señor mismo qué es el culto. Con el cardenal Sarah, un maestro del silencio y de la oración interior, la Liturgia está en buenas manos».

Hemos entrado en la unidad de la Iglesia. De modo directo y patente, Juan. Iglesia, liturgia y silencio. Cuando todo está unido, Dios obra de modo maravilloso, pero cuando falla una sola de las tres, todo cae. Y cae arrastrando tras de sí a muchas almas que no tienen consistencia porque no viven el silencio.

Vemos cómo el papa emérito alaba la elección que hizo el papa Francisco para colocar al frente de la Congregación del Culto Divino a un hombre de silencio, el cardenal Robert Sarah. Te vuelvo a adelantar que vas a disfrutar mucho cuando llegue la siguiente carta y veas lo que dice dicho cardenal sobre el silencio. Ahora, Juan, vamos a lo importante, que veas que todo tiene que estar unido de manera permanente. Es tan importante el silencio... La Iglesia necesita tanto silencio en todos sus ámbitos... La liturgia pierde tanto cuando falta el silencio... Y la comunión, Juan, la comunión. Es de admirar la humildad de Benedicto XVI hablando del papa Francisco. Que unos papas hablen de otros y no se rompa la Tradición de la Iglesia es clave, Juan. Y para esto es imprescindible el silencio litúrgico. Muchas divisiones en la Iglesia han venido a desvirtuar la liturgia al llenarla de ruido, donde el centro y culmen de todo deja de ser mi Hijo para ser el que preside la celebración o la asamblea o todos unidos, que llenan de ruido un silencio sagrado donde mi Hijo quiere hablar a cada uno y no puede porque celebran una fiesta y no el sacrificio de Cristo en la Cruz. Es tan distinto Juan… No es lo mismo ir a una misa como a la que fuiste el domingo con tu director espiritual en el monasterio de monjas carmelitas descalzas que está al lado de tu residencia, que a esa parroquia de tu ciudad donde tantas aberraciones litúrgicas se cometen a pesar de haber sido corregidos en más de una ocasión por el obispo. Cuando no se vive el silencio litúrgico todo da igual y mi Hijo queda en segundo lugar. Juan, me duele mucho ver esas celebraciones donde no hay silencio litúrgico y por tanto se pierde la unidad con la Iglesia. Busca siempre el silencio litúrgico, querido hijo. Sé que lo haces, pero no me cansaré de repetírtelo para que cuanto más lo busques y lo vivas, más fuerza tengas porque tu corazón se llena del amor de Jesús que se derrama a manos llenas cuando uno vive el silencio litúrgico.

Todo esto que te digo, querido hijo, me sirve de apoyo para entrar en el último punto del silencio litúrgico del que te hablaba al inicio de estos folios, la presencia de mi Hijo de una manera espectacular en un momento concreto que hace historia. Dicho suceso acontece en un acto litúrgico que no es la celebración de la eucaristía. Lo que estaba dispuestos en los planes de los hombres se trastoca por completo cuando mi Hijo cambia todo para que todos le miren a Él y solo a Él. Para que lo entiendas mejor te voy a poner un ejemplo que recuerda el cardenal Sarah en su libro al hablar él mismo de Benedicto XVI:

> «238 En 2011, durante la vigilia de la Jornada Mundial de la Juventud celebrada en Madrid, el papa Benedicto XVI iba a dirigirse a los jóvenes del mundo entero. Se disponía a tomar la palabra cuando se levantó un viento impetuoso y estalló la tormenta. El papa y los jóvenes esperaron a que amainara la tempestad. Cuando por fin el tiempo se hizo más clemente, un maestro de ceremonias entregó al Santo Padre el discurso que estaba previsto. Sin embargo, el papa prefirió dedicar el tiempo que quedaba a lo esencial. En lugar de

hablar, invitó a los jóvenes a unirse a él en un silencio de adoración. Arrodillado ante el Sagrado Sacramento, Benedicto XVI rezó con su silencio. Detrás de él había más de un millón de jóvenes calados hasta los huesos y hundidos en el barro; no obstante, en medio de esta inmensa multitud reinaba un silencio sagrado impresionante, cargado literalmente de presencia adoradora. Es un recuerdo inolvidable, una imagen de la Iglesia reunida en torno al Señor en el gran silencio» (*La fuerza del silencio* p. 141).

Eras muy niño cuando sucede esto en Madrid. Te estabas preparando para hacer la primera comunión sin saber que un día tu padre te iba a escribir una serie de cartas para ayudarte a vivir el silencio de modo vivo y real. Juan, en aquella explanada había muchos chicos, miles de jóvenes con los años que ahora tienes. Todos querían estar en adoración unidos al papa, entonces era Benedicto XVI, y en poco tiempo todo cambia. Mi Hijo quería mostrar a todos los presentes la maravilla insuperable del silencio litúrgico. Por eso derrama esa lluvia que hace callar a todos y hasta al mismo papa. Todos callan y adoran. Adoran en silencio sin necesidad de palabras de Benedicto XVI. El papa quería hablar, pero se da cuenta que quien quiere hablar de verdad es mi Hijo y le cede la palabra. Se calla y con él también se silencia esa multitud de jóvenes ansiosos de adorar en silencio a mi Hijo. ¡Todos querían adorar y escuchar a mi Hijo! ¡De rodillas! ¡De noche! ¡Empapados de agua! ¡Embarrados! ¡Y en silencio! Juan, el silencio litúrgico llegó a un culmen nunca esperado en aquella noche de verano…

¿Quién puede acallar a más de un millón de jóvenes? ¿Lo pueden entender tus amigos de residencia y compañeros de clase que no creen en mi Hijo? ¿Se puede explicar humanamente? Juan, el silencio es lo que reina en esos corazones y es el mismo que se adueña de ti cada noche de sábado que visitas a mi Hijo en silencio adorador. Y este último sábado, además, en compañía de tu director espiritual. Los dos de rodillas, en silencio, al resguardo, en una capilla, pero ¿te acuerdas de la tormenta de granizo que cae pocas horas antes de encontraros e ir a vivir un momento singular de silencio litúrgico? Juan, puede que ese detalle haya pasado desapercibido para los dos. Ahora vuestro padre os lo recuerda para que lo tengáis muy en cuenta. Mi Hijo quiso mostraros que habla en medio de la tormenta y en medio de una capilla donde está expuesto en la custodia mientras fuera diluvia. Dentro y fuera hay silencio. Silencio que ayuda a escuchar lo que Jesús quiere deciros cuando miráis por la ventana y todo está negro, oscuro y cerrado. Los dos sabéis que es una tormenta pasajera que dará paso al reencuentro de dos amigos que no se ven desde Navidad y tienen mucho de qué hablar. Y como todo lo viven en unión a mi Hijo, después de cenar acuden dando un paseo a gozar, en el buen sentido, de un precioso momento de silencio litúrgico. Luego seguís hablando de vuelta y al día siguiente continuáis después de haber ido a la misa dominical vivida también en silencio litúrgico; y, por si fuera poco, habláis de libros que pueden ayudarte a vivir este silencio interior. Juan, todo queda envuelto en silencio, en vida, en unión, con la mirada puesta en el cielo, sabiendo que mi Hijo os pide una y mil veces que seáis buscadores, defensores y difusores de un silencio que cambia el corazón.

La noche avanza, Juan. Duermes con mucha paz. La conoces. La tienes. La contagias. Es toda una alegría verte así, querido hijo. Cuando te despiertes y veas otra carta de tu padre te vas a alegrar mucho y te van a dar unas ganas enormes de esperar al miércoles que viene para ver qué libro es ese del que te he hablado hoy. No te va a defraudar, va a ser un libro que querrás tener para leerlo con calma. Y una vez leído, releer algunos párrafos de vez en cuando y crecer en la vivencia del silencio litúrgico de mano de un maestro de la talla del cardenal Robert Sarah. Y todavía hay más, Juan, te dejo con esta intriga; te hablaré de otro libro que ya conoces y que trata también del silencio interior de una manera prodigiosa. El autor es muy querido por ti. No te digo más. Te dejo así, en ascuas, para que sigas con esos deseos santos de vivir en el silencio para escuchar en el silencio y llevar a otros al silencio. Ese fuego que arde dentro de ti cada vez que vives el silencio litúrgico hace de ti un hijo muy querido, Juan. ¡Cuánto me gustaría que otros hijos míos vivieran como tú el silencio litúrgico! Sería todo muy distinto. Pero somos conscientes de lo difícil que es para la gente de hoy adentrarse en la vida de silencio.

Para eso son estas cartas, Juan, para que, una vez leídas, te sirvan para que con tus palabras y sobre todo con tu ejemplo de vida, atraigas a otros a esta vivencia que tanto te está ayudando a crecer por dentro. Juan, te lo digo todo de corazón, lo sabes bien, te quiero tanto… Juan, da igual la edad, todos han de vivir este silencio para entrar en lo más íntimo, o como dice el cardenal Sarah recordando aquel encuentro del papa Benedicto XVI con los jóvenes, vivir "«un silencio sagrado impresionante cargado literalmente de presencia adorada». Estos son tus deberes para estos días y para siempre, Juan. Cuento contigo, tienes mi ayuda para todo lo quieras, me tienes siempre a tu lado. Te quiero mucho, ¡ánimo! ¡sigue! ¡avanza!, tu padre,

San José.

Silencio necesario

13-3-2024

Querido hijo, querido Juan:

¡Estamos ya en la novena! ¡Hoy es miércoles de san José dentro de la novena a san José! ¡El martes celebraremos la gran fiesta con alegría desbordante! ¡Y seguimos unidos en la noche! Comienza este 13 de marzo mientras duermes y esperas con muchas ganas que llegue el día diecinueve. No solo tú, también tu hermano Ángel y tu amigo Jerónimo. ¡Y mucha gente! ¡Cuántas cofradías, capillas, altares y libros devocionales nos muestran que mi fiesta mueve a muchos devotos del que ahora te escribe estas líneas! Poco a poco vais entrando en esa cercanía conmigo como pide Santa Teresa a sus monjas y difunde a todos una vez fundado el Carmelo Descalzo. Desde luego que es algo muy grande, Juan. Ver desde el cielo tantas almas que preparan mi fiesta y cuando llega el día vibran de entusiasmo y alegría porque el padre de Jesús es honrado por todos, me llena de emoción. Sí Juan, es algo tan especial… Creo que me entiendes bien. Y lo más curioso es que todos se acercan a mí en estas fechas y en el día de la fiesta sabiendo que soy el santo del silencio. Un santo del que no ha quedado ninguna palabra. Con eso está todo dicho, para ser santos, querido hijo, hay que vivir el silencio. Por eso en esta última carta te voy a hablar del silencio necesario.

El silencio es necesario, muy necesario, Juan. Esto ha quedado muy claro a lo largo de todas las cartas que te he ido escribiendo estos meses para acercarte a la grandeza del silencio. Por eso no podemos terminar sin hablar del silencio necesario, o dicho también de otra manera, de la necesidad del silencio. Es lo mismo, a fin de cuentas, pero para que todo quede en el mismo grado, por eso te hablo del silencio necesario.

Para este silencio vamos a tener de fondo el libro del que te hablaba en la carta pasada. Su autor es el cardenal Sarah, nacido en Guinea en 1945. Ha pasado por varios cargos pontificios hasta llegar a escribir este libro sublime, el que ya conoces de pasada, pero ahora vamos a entrar en él de modo directo: *La fuerza del silencio. Frente a la dictadura del ruido*. Tiene otros que también te recomiendo. Juan, no dejes de leer estos tres libros suyos: *Se hace tarde y anochece*, *Para la eternidad* y *El amor en el matrimonio*. Son libros de mucho peso y fondo espiritual.

Basta el inicio para darte cuenta de la importancia del silencio necesario en la vida de todo hijo de Dios. Es solo una muestra para que te den ganas de leerlo entero en cuanto termines el que ahora tienes entre manos:

> «1 La pregunta fundamental es la siguiente: ¿cómo puede el hombre ser realmente imagen de Dios? El hombre tiene que entrar en el silencio.
>
> Envolviéndose en el silencio igual que Dios, que habita en un gran silencio, el hombre se acerca al cielo; o más bien, deja que Dios se manifieste en él.
>
> Sólo hallamos a Dios en el silencio eterno en el que vive [...]
>
> Dios nos sostiene y, si guardamos silencio, vivimos con Él en todo momento. Nada nos permitirá descubrir mejor a Dios que su silencio grabado en el centro de nuestro ser. ¿Cómo

> vamos a encontrar a Dios si no cultivamos el silencio? [...] Hay que convertirse en silencio» (*La fuerza del silencio* pp. 24-25).

No sé ni por dónde empezar Juan... Son tantas ideas en tan pocas palabras. ¿Con cuáles te quedas? Para mí es clave una frase: «El hombre tiene que entrar en el silencio». Bien podría servir de resumen de todo lo dicho, pero no, me reservo el final para el día 19. Ya verás... Pero aquí está el fundamento del silencio necesario: hay que entrar en el silencio, Juan. ¿Cuántas veces te lo he dicho? Si te pones a contarlas te vas a cansar. Pero no sé quién se cansará antes, si tú de contarlas, querido hijo, o tu padre de repetirlo una vez más.

¡Y de ahí pasamos al cielo! ¡Al envolverte en el silencio, te acercas al cielo! ¡Dios entra en ti! ¡Se manifiesta! ¡Te cubre! Todo esto y mucho más solo es posible si vives el silencio necesario, Juan. Seguimos leyendo y llegamos a la frase final que es de antología. ¿Has pensado lo mismo que tu padre, Juan? ¡Sí! ¡No me engañes! Al leer esas últimas palabras te has quedado mudo. Has hecho silencio total. Has abierto los ojos para comprobar bien que lo que tenías delante era eso y no otra idea. Es así, Juan, el cardenal Sarah no se anda con rodeos. Invita a todo el que lea su libro a que se convierta en silencio. ¿Y qué es convertirse en silencio sino vivir en plenitud el silencio necesario? Juan, vive en primera persona estas pocas palabras, hazlas carne en tu día a día..., y verás que tu existencia en este mundo donde ahora vives cambiará por completo. Te lo dice tu padre. Hazme caso y ¡conviértete en silencio! Únelo a lo que te dijo el sacerdote el Miércoles de Ceniza: «Conviértete y cree en el evangelio». Ahora, pasado un mes y muy cerca de la Semana Santa, une las dos frases y vive así la Pascua, querido hijo. Tu padre va a estar a tu lado para que lo consigas y empieces a ser otro.

Quería centrarme en el epílogo, pero no me resisto a copiarte otro párrafo que te recordará a otros comentarios que te he hecho en alguna carta en cuanto al silencio necesario para convivir. ¿Te acuerdas, Juan? Pero ahora te lo digo en otro sentido, en el de querer ayudarte a que todo lo que estudies pase por tu corazón y tu mente de una manera mucho más intensa al vivir el silencio necesario:

> «75 Hasta en los colegios ha desaparecido el silencio. ¿Acaso se puede estudiar rodeados de ruido? ¿Se puede leer, se puede formar la inteligencia, se puede estructurar el pensamiento y los contornos del ser interior, rodeados de ruido? ¿Cómo podemos abrirnos al misterio de Dios, a los valores espirituales y a nuestra grandeza humana, si estamos rodeados de un constante alboroto?» (*La fuerza del silencio* p. 63).

Es lo que buscas, Juan, desde hace tiempo, pero quizá no habías entrado en el fondo del silencio necesario hasta este punto. Sí que echas en falta el silencio en las clases y residencia, pero por tener más paz. Ahora no se trata solo de esto, querido hijo, sino de ser consciente de que no hay otra; el silencio necesario ayuda a la vida del estudiante mucho más de lo que uno puede pensar. Juan, sin estudios, no hay persona profunda; sin silencio no hay fruto en el estudio y sin silencio necesario en el estudio no hay un hombre que pone todo en Dios para vivir como Dios quiere y como el padre de Jesús quiere. ¿Te das cuenta, Juan? Una vida sin Dios no tiene cimientos. Eres testigo de ello a cada paso en tu jornada diaria. Por eso buscas y vives el silencio necesario en el estudio y en todo aquello que forma parte de tu ser de joven universitario.

Y ahora, Juan, sí que sí, vamos al epílogo que es algo fuera de serie:

> «Podemos intentar hablar de Dios a partir de nuestra propia experiencia del silencio. Porque Dios se envuelve en el silencio y se destapa en el silencio interior de nuestro corazón. El silencio nos dispone a establecer relaciones vitales y continuas con Dios [...] Necesitamos el silencio para poder acercarnos a las almas [...]».

Esto es algo muy parecido a lo dicho al inicio, por eso no voy a entrar en ello, pero sí mostrártelo para que te ayude a entrar en el meollo del silencio necesario en tres niveles:

> «Primero: "Hay muchos pecados debidos al exceso de nuestras palabras y al hecho de escuchar con complacencia las de otros. ¡Cuántas almas se perderán el día del juicio final por no haber guardado la lengua!"».

¡El silencio necesario te aleja del pecado! ¡El silencio necesario te ayuda a medir tus palabras! ¡El silencio necesario te impide acoger palabras que no te hacen bien! Todo está perfectamente definido, Juan. El pecado existe, eso muchos no lo tienen muy claro, pero tú y muchos como tú, querido hijo, no lo ponéis en duda. En el juicio final se verá todo, y se mostrará que el pecado tiene sus consecuencias; y el decir que hay hechos que no son pecado nos lleva a la ruina. Por eso a callar, a orar, a vivir el silencio necesario. Este tipo de silencio te abre un camino precioso para ser libre como pocos, Juan: saber callar y saber evitar conversaciones pecaminosas. Todo para que cuando llegue el día, pueda acogerte en el cielo y llevarte todo lo rápido que pueda a ver a mi Hijo y a mi Esposa. Por eso y por muchas realidades que ya conoces de sobra, has de vivir el silencio necesario.

> «Segundo: "La virtud del silencio no significa que no debamos hablar nunca: nos invita a enmudecer cuando se carece de buenos motivos para tomar la palabra"».

Ojo, Juan, lo dicho en el primer nivel de silencio necesario hay que ponerlo en relación con el segundo. No se puede callar nunca. Acuérdate del silencio prohibido del que hablamos al inicio de estas cartas de padre a hijo. Cuando uno vive el silencio necesario se da cuenta que es más importante escuchar y estar atento para hablar solo cuando es justo y necesario, cuando tus palabras van a dar luz en este mundo de tinieblas. No hables sin motivos de peso y de verdad. Eso es el silencio necesario, Juan. Es difícil, y más para un joven como tú que es puro fuego en todos los sentidos, pero al ponerte ante estas palabras del cardenal Sarah, dicho fuego interior se transforma en silencio necesario que muestra el dominio de uno mismo y del fruto del Espíritu Santo en un alma que busca la unión con mi Hijo.

> «Y tercero: "Ha llegado el momento de rebelarse contra la dictadura del ruido que intenta hacer pedazos nuestro corazón y nuestra inteligencia. Una sociedad ruidosa es un triste decorado de cartón piedra, un mundo sin consistencia, una huida inmadura. Una Iglesia ruidosa acabará siendo fútil, infiel y peligrosa"».

Esto ya me supera, Juan... No se puede definir mejor la sociedad actual, sobrevives bajo la dictadura del ruido. No hay libertad para los que queréis vivir el silencio necesario. Por eso es el último nivel. Porque es el culmen, la meta, el horizonte de todo aquel que añora estar lo más cerca posible de Dios. El ruido rompe con todo y no deja crecer. Es lo que veíamos antes. Es ya la hora de mostrar a todos que si no viven el silencio necesario al apoyarse en un muro puede ser que caigan al abismo porque no es algo real sino puro teatro. Para una vida auténtica y real hay que dejarse llevar por el silencio necesario. ¿Estás conmigo, Juan? Fíjate bien que el cardenal Sarah hila muy fino. Demasiado fino, Juan. La frase final es digna de un hombre de Dios que no tiene miedo a decir la verdad: «Una iglesia ruidosa acabará siendo fútil, infiel y peligrosa». Son adjetivos muy duros para hablar de la vida de la Iglesia. ¿Y por qué habla de este modo? Pues porque el cardenal Sarah ha sufrido los efectos de una Iglesia donde el ruido ha empezado a tomar mucha fuerza. Esto va unido a la carta anterior, Juan, a esos silencios que ayudan a vivir el misterio de la liturgia como se debe y como mi Hijo ha deseado siempre. Sin silencio, querido hijo, todo pierde importancia, interés, se olvida el origen y comienzan los problemas. Creo que no hace falta decir más, Juan. Es una frase lapidaria que habla por sí sola. Lo mejor es leerla y difundirla para mostrar a todos la gran necesidad de vivir el silencio necesario, valga la redundancia. Es así, Juan, no se puede expresar mejor lo que puede suceder cuando falta el silencio en la vida de la Iglesia...

Por si te quedas con ganas, ahora vamos al epílogo del epílogo...:

> «Entonces la oración puede sumirse en el silencio: no en el silencio de la ausencia del otro o de mí mismo, que también se presenta en su momento, sino en ese silencio que sigue a la Palabra una vez que ésta nos ha alcanzado. En definitiva, Dios o nada. Porque nos basta con Dios».

¿Con quién te quedas, Juan? ¿Con Dios o con el vacío? ¿Con lo que vives en silencio necesario o con lo que viven los que están envueltos en el ruido? ¿Con la Palabra o con las palabras? ¿Con tu paz o con la paz que buscan los que rechazan el silencio necesario? Seguiría añadiendo preguntas en torno a esta despedida el cardenal Sarah, pero es que quiero decirte algo más, querido hijo. A lo largo de este libro aparecen varias citas de alguien que quieres mucho, el beato María Eugenio. Por eso no quiero terminar estas cartas sin hablarte de él y nada mejor que aprovechar que *La fuerza del silencio* se acerca a este insigne carmelita descalzo.

El beato María Eugenio del Niño Jesús nace el 2 de diciembre de 1894 en Aveyron (Francia). En el seminario diocesano descubre su vocación de carmelita descalzo que comienza a vivir en plenitud una vez que se ha ordenado sacerdote y da el paso a la vida religiosa. Recibe la inspiración de fundar el Instituto Secular Notre Dame de Vie en unión a María Pila en 1932. Centra todo en la vida de oración siguiendo a los grandes santos del Carmelo Descalzo. Ocupa varios puestos destacados del gobierno de su orden religiosa. Entrega su alma a Dios el 27 de marzo de 1967. En Aviñón (Francia) es beatificado el 19 de noviembre de 2016.

Este beato que tanto te ayuda en los exámenes cuando lo invocas, como él nos invita en su testamento espiritual, con esa cercanía tan singular hacia el Espíritu Santo, es el que escribe una obra monumental donde las haya: *Quiero ver a Dios*. El capítulo 5 de la tercera parte lleva por título «El silencio» y el primer punto afronta la necesidad del silencio. Con esto, querido hijo, volvemos al inicio de la carta, silencio necesario y necesidad del silencio. Dos caras de una misma moneda. Dos maneras de expresar lo mismo que late en tu corazón: dejar que Dios entre hasta lo más profundo de tu corazón:

> «El bautismo opera una creación maravillosa en el alma del niño. Se le da una vida nueva, que le va a permitir realizar actos divinos de hijo de Dios. Hemos escuchado las palabras del sacerdote "Yo te bautizo…", hemos visto correr el agua sobre la frente del niño; pero de la acción de la gracia, que exige nada menos que la acción personal y todopoderosa de Dios, no hemos percibido nada. Dios ha pronunciado su palabra en el alma en el silencio».

Dios entra en el alma en silencio necesario. Solo en el silencio necesario se puede descubrir y «ver» la acción de Dios en el alma. ¿Hay algo más grande que la entrada de un hijo en la Iglesia como hijo de Dios bautizado en el nombre del Padre y del Hijo y del Espíritu Santo? Juan, el padre María Eugenio va a la par que el cardenal Sarah, por eso lo cita tanto este último, porque ha descubierto en este hijo de Santa Teresa un maestro de silencio y, de modo especial, del silencio necesario. No sé si alguna vez se te había pasado por la cabeza pensar que en el silencio necesario de un bautizo es donde Dios habla de verdad y con maravillosas y fructíferas consecuencias.

Caminan en paralelo, Juan, los dos acusan el daño que hace el ruido a la sociedad. El padre María Eugenio habla de la primera mitad del siglo XX y el cardenal Sarah de los comienzos del siglo XXI. El activismo, querido hijo, enferma y puede llegar a matar el alma cuando el ruido domina el cuerpo y lo aleja de su más profundo centro...:

> «Vivimos en la fiebre del movimiento y de la actividad. El mal no está solamente en la organización de la vida moderna, en la prisa que esa vida impone a nuestros actos, en la rapidez y facilidad que esa misma vida garantiza a nuestros desplazamientos. Hay un mal más profundo que se encuentra en la fiebre y en el nerviosismo de los temperamentos. Ya no se sabe esperar ni estar en silencio».

Tu querido beato María Eugenio ha dado la estocada final, Juan. Entra en lo más profundo de la enfermedad espiritual que hoy impera en la sociedad. La fiebre y los nervios de vivir sin silencio necesario. Solo este silencio es el que sana a la persona, pero es que el problema es muy grave, Juan, muy grave... En este mundo de hoy «ya no se sabe esperar ni estar en silencio». Eso está matando a tantos y tantos hombres porque no son capaces de parar en su vida, esperar en Dios y callar para poder escuchar lo que han de hacer para tener paz, vida y salud espiritual. Ten en cuenta que esta obra la concluye en 1948. Si lo escribiera hoy, ¿qué diría el beato María Eugenio? Pienso que iría directo al corazón, a mostrar la grandeza del silencio necesario. Juan, para ayudarte a vivir mejor este tipo de silencio, te recomiendo otro libro suyo que ya has leído y que te abrió la puerta a la vida de silencio, *Camino hacia el silencio interior.* Te dejo Juan, vive el silencio necesario, déjate guiar por tu amigo el beato María Eugenio y por tu padre,

SAN JOSÉ

Epílogo

19-3-2024

Querido hijo, querido Juan:

¡Estamos de fiesta! ¡Es 19 de marzo! ¡Celebramos a san José! Qué ganas tenías de que llegara este día, Juan. Se unen tantos sentimientos al verte dormir tan feliz en esta noche… Te espera un día muy completo y en el que vas a estar muy unido a mí, a tu padre, a san José. Vas a empezarlo de la mejor manera posible, acudiendo a la misa, y además en una iglesia donde se celebra de manera muy especial mi fiesta, el monasterio de las monjas carmelitas descalzas que hay al lado de tu residencia. Te lo he dicho muchas veces y hoy no puedo dejar de pasarlo por alto, las hijas de Santa Teresa de Jesús, es decir las carmelitas descalzas, han heredado de su Madre fundadora la gran devoción a mi persona. Ya lo dice ella en uno de sus libros: «Procuraba yo hacer su fiesta con toda la solemnidad que podía" (*Vida* 6,7). Si sigues leyendo este capítulo te encontrarás con un elogio sin par sobre tu padre. En pocos párrafos la santa castellana nos ha dejado un compendio de la grandeza de un santo que ahora te escribe estas líneas, querido hijo.

Ay, perdona, Juan, perdona, que no quiero sobresalir sobre nadie, sino todo lo contrario, pero es que si no te recuerdo este texto de Santa Teresa que tanto bien ha hecho y sigue haciendo a tantas almas que buscan el silencio, me dejaría algo muy importante por comentarte en estas cartas sobre el silencio. Es la última carta, Juan. Sí, en este día de fiesta termino con esta correspondencia directa y frecuente. No pienses que voy a dejar de estar a tu lado, todo lo contrario, pero es verdad que había que poner un punto final a este tratado sobre el silencio por así llamarlo. Y quiero terminar dando un toque especial que también lo tiene la santa de la que hoy te hablo. Juan, sin humildad, todo lo que te he dicho en estas cartas no sirve de nada, ni es posible vivir ni se puede entender. Santa Teresa ensalza la virtud de la humildad por encima de todo para poder tener una vida de oración verdadera y fructífera, se lo deja por escrito a sus hijas de la siguiente manera:

> « penséis amigas y hermanas mías, que serán muchas las cosas que os encargaré [...] Solas tres me extenderé en declarar, que son de la misma Constitución, porque importa mucho entendamos lo muy mucho que nos va en guardarlas para tener la paz que tanto nos encomendó el Señor, interior y exteriormente: la una es amor de unas con otras; otra, desasimiento de todo lo criado; la otra, verdadera humildad, que, aunque la digo a la postre, es la principal y las abraza todas» (*Camino de perfección* 4,4).

Esto mismo no lo podría expresar mejor, querido hijo, para hablarte de la virtud de la humildad como fundamento de la vivencia del silencio interior. Son muchas cartas tratando los diversos tipos de silencio y no podía acabar sin darte este último consejo para que lo pongas en práctica a la hora de releer estas cartas y vivir como sabes y quieres el silencio interior. Juan, te quiero mucho, por eso te he escrito estas cartas. Busco lo mejor para ti, la felicidad plena, la alegría desbordante, la paz del corazón. Todo eso, querido hijo, lo vas a encontrar en la humildad, una humildad vivida como lo pide Santa Teresa a sus hijas y a todos los que quieren rezar y encontrarse en intimidad con mi Hijo. Camina en humildad, Juan. Al principio puede que tropieces porque no es fácil, has dado ya muchos pasos en humildad, pero como padre tuyo que soy, te digo de corazón, que te veo preparado para empezar a correr en humildad. Sí, Juan, no tengas miedo, lánzate a la carrera de la vida de silencio interior poniendo de fondo la virtud de la humildad.

Humildad, Juan, humildad, sin ella no llegarás a nada en tu vida. Te lo dice tu padre y Santa Teresa; y también alguien que has conocido hace poco, el cardenal Sarah:

> «Delante de Dios solo se puede ser humilde y silencioso. Él es el gran misterio que hemos de meditar. Debemos intensificar nuestra búsqueda del silencio caminando por los senderos de la humildad. San Pedro nos exhorta así: "Revestíos de humildad en el trato mutuo, porque Dios resiste a los soberbios y a los humildes da la gracia. Humillaos, pues, bajo la mano poderosa de Dios"» (1 *Pedro* 5,5-6)» (*La fuerza del silencio* p. 257).

Aquí tienes todo dicho, Juan. Humildad y silencio unidos para siempre. No se puede separar el silencio de la humildad. Son las llaves que te abren la puerta al castillo del Rey que tanto te ama, mi hijo Jesús. ¿Qué puede hacer una persona fuera del silencio y la humildad? Nada, porque se dejaría llevar por los otros. Solo el que vive la humildad y el silencio es capaz de descubrir a Dios en su vida y caminar como Él quiere. Y, por si fuera poco, el cardenal Sarah nos regala una cita del primer papa, san Pedro. Lo deja todo muy bien definido, Juan. Es un maestro del que tienes mucho que aprender para vivir el silencio interior. Intensifica la búsqueda del silencio, de tantos tipos de silencio como te he presentado en estas cartas siguiendo un camino, la humildad. Juan, sigue ese camino y no otro, hazme caso. Si vas por otro sendero que no es esta virtud, te perderás y no llegarás a ese silencio interior que tanto deseo que vivas en plenitud. Eres libre, Juan, pero sabes que la libertad te puede convertir en un esclavo por dejarte arrastrar por otros y no por mi Hijo. ¡Ama! ¡Reza! ¡Haz silencio! ¡Escucha a mi Hijo! ¡Ama a tu padre san José! ¡Invoca a tu madre María!

No tenía pensado hablarte de Juan Antonio, pero es que no me resisto a ofrecerte una última muestra de la grandeza, importancia y necesidad del silencio interior. Además, es de lo más actual. Está escrito hace menos de un año. Juan, te he hablado de muchos santos y personajes muy importantes en estas cartas sobre el silencio, pero faltaba algo, la figura de un padre de familia en estos días, en el siglo XXI, enamorado de ser padre y esposo, maestro singular, conocedor a fondo de los jóvenes, las cuestiones de educación y de la vida de oración desde un hogar, no desde un convento o una iglesia como has visto en la mayoría de estas cartas. Por eso, querido hijo, acude al blog que Juan Antonio Gómez Trinidad tiene en el portal de internet en *Religión en Libertad*. Te va a encantar, tiene artículos de antología. Entre todos me quedo con uno que confirma todo lo que te acabo de decir, Juan. El título habla por sí solo, *Un lujo al alcance de todos*. ¿Y sabes cuál es ese lujo? ¡El silencio! Te copio algunos párrafos para que veas la maestría con que afronta estos temas y los interrelaciona:

> «El silencio es, hoy día, un gran lujo que está al alcance de todos si nos atrevemos a cortar con los ruidos externos e internos. Decir que no se tiene tiempo para estar en silencio o que no es productivo, es una excusa con consecuencias graves que afectan a la salud física, psicológica y espiritual. Por el contrario, la práctica del silencio, "de no hacer nada", genera, ante todo, serenidad y sobriedad. [...] Por todo ello, la auténtica educación debe recuperar encuentros con el silencio. Es necesario que los niños se aburran para que sean creativos, nos dicen los pedagogos. Es necesario que los adolescentes aprendan a desconectar para conectar con lo que realmente importa. Es necesario para todos, independientemente de la edad, recuperar el silencio para tener una vida plena» (Juan Antonio Gómez Trinidad, blog *Por mí que no quede*, 20 mayo 2023).

Una vida plena, Juan, con eso me quedo, bueno con eso y con todo lo que dice Juan Antonio en este artículo, pero he cortado el texto en esa frase para que quede como despedida, tener una vida plena. Sin silencio, querido hijo, no puedes tener una vida plena. Esto lo entiendes tú, pero mucha gente no, por eso es bueno difundir esta propuesta de un padre de familia que quiere lo mejor para sus hijos, como todo padre, y va más allá, a invitar a todos al silencio interior como mejor instrumento de formación en todas las etapas de la vida académica de un estudiante, desde la infancia en el colegio hasta la juventud en la universidad. ¡Todo envuelto en silencio! ¡Todo estudiado en silencio! ¡Todo vivido en silencio! Y no solo eso, Juan, sino que además el que vive el silencio tiene asegurada la salud del cuerpo, la mente y el espíritu. Eso lo dice un padre de familia que tiene una hija neuróloga y sabe bien lo que es la enfermedad mental y también la física. Además, como creyente católico comprometido, es testigo directo de tantos que sufren porque su vida espiritual está rota por no buscar a mi Hijo en el silencio. Todo esto y mucho más descubrirás en los artículos de Juan Antonio. Sigue su blog y reenvía artículos a tus amigos porque muchos de ellos están dirigidos a los que se pierden y no encuentran su camino verdadero por no tener claro lo que tanto él como tú sabéis bien por propia experiencia: hay que unir siempre juventud, estudios y Dios. ¡Entonces la vida es plena, Juan!

Y hablando de vida plena, pongo la mirada en mi querido hijo Juan que está a punto de cumplir veintiún años. Te queda muy poco, Juan. Menos de un mes. Se acerca la fecha. La Semana Santa siempre está en torno a tu día de nacimiento. El año pasado fue justo el Domingo de Pascua. Este año lo celebrarás siendo ya tiempo de Pascua y con un regalo muy especial por adelantado. Juan, estas cartas sobre el silencio interior quieren ser un regalo de tu padre para que cuando llegue el día de tu cumpleaños y des un paso más en tu vida, te abras de corazón a todo lo que mi Hijo te quiera pedir. ¡No le niegues nada! Te lo digo en sentido pleno, Juan. Para vivir una vida plena, has de acoger y cumplir todo aquello que escuches en el silencio interior… Juan, este es mi deseo… Y con ello verás maravillas…

Termino ya, y no con palabras mías sino con unas del cardenal Sarah que resumen todo lo dicho hasta ahora:

> «Hoy la Iglesia tiene una misión esencial, que consiste en ofrecer el silencio a los sacerdotes y a los fieles. El mundo rechaza la soledad junto a Dios de manera repetida y violenta. Por eso, que el mundo se calle y vuelva el silencio…» (*La fuerza del silencio*, p. 266).

¡Te quiero mucho, Juan! ¡Entra en el silencio! ¡Vive en el silencio! ¡Contagia la vida de silencio interior! Disfruta mucho de este gran día en que toda la Iglesia mira con devoción y honra al santo del que no tenemos ni siquiera una palabra suya, pero que habla al corazón a todos aquellos que, como tú, querido hijo, buscáis a mi Hijo en el silencio del corazón; tu padre,

San José.